모든 사람에게 딱 맞는 옷은 없다! 제임스 갤빈은 조직의 규모와 상관없이 가장 효과적인 이사회를 만들 수 있는 거버넌스 선택의 길로 우리를 안내한다. 모든 이사회가 단체에 최대한 이바지할 수 있도록 세 가지 기본 구조를 토대로 놀라운 통찰과 방향을 제시한다. 많은 이사회를 컨설팅해 온 경험이 좋은 토양이 되어, 진리와 현실이 훌륭하게 조화를 이룬 책이 나왔다. 이사들과 단체장들 모두 이 탁월한 책을 읽어야 한다. **제리 화이트**Jerry E. White **박사, 네비게이토**The Navigators **명예 국제 위원장 겸 명예 회장**

이사회의 역할은 무엇인지, 어떻게 하면 이사회가 제 기능을 최고로 잘 수행할 수 있는지, 이사회가 단체의 성공에 최대한 이바지하려면 어떻게 해야 하는지 명확히 알고 싶다면, 이 책을 펼쳐 보라! 제임스 갤빈은 전문 용어들을 솔직하고 실용적이고 일상적인 언어로 이해하기 쉽게 설명하고, 이사회 유형을 분류하며, 이사회의 기능 향상을 기대하는 현실과 그 결과를 명쾌하게 제시한다. 이 책은 그저 한 번쯤 읽어 봐도 좋은 책이 아니라, 매우 귀중한 참고 도구다. 판도를 바꿀 수 있는 책이다. **빌 앤더슨**Bill Anderson, **기독교 서점 협회**CBA **전 회장 겸 CEO**

"이사회가 마땅히 해야 할 역할을 못 하고 삐거덕거리는 폐단을 없앤다." 도입부에 실린 이 문장은 틀에 박힌 문구 같지만, 이 책의 내용을 완벽하게 담아낸 문장이다. 제임스 갤빈은 이사회가 제 역할을 이해하고 유용한 도구를 활용해 잘 운용함으로써 단체에 이바지하도록 돕는 훌륭한 교과서를 썼다. 반드시 읽어야 할 책이다! **그레그 리곤**Greg Ligon, **리더십 네크워크**Leadership Network **전 최고 혁신 책임자**

제임스 갤빈은 실용적이고 일상적인 차원에서 CEO와 이사회에게 조직 지휘하는 법을 안내해 본 경험이 아주 풍부하다. 이 책은 다년간 수많은 단체를 지도하며 얻은 그의 지혜와 부단한 연구가 낳은 결과물이다. 유서 깊은 유대인 선교회를 이끄는 사람으로서 개인적으로 이 책을 평가하자면 무척 유용한 책이다. 읽는 재미가 있을 뿐 아니라 합리적이고 실용적인

←

조언이 가득하다. 미치 글레이저Mitch Glaser 박사, 초우즌 피플 미니스트리Chosen People Ministries 회장

리더의 한 사람으로서 나는 '항해형 이사회'에 관한 제임스 갤빈의 생각을 높이 평가한다. 항해형 이사회의 전문성과 지혜는, 리더들로 하여금 집단의 힘을 이용해 단체를 위한 새로운 비전과 미래를 설계하도록 도울 수 있다. 이 책은 단체에 오롯이 이바지하는 이사회를 만드는 데 도움이 되는 훌륭한 안내서다. 존 펠로우John Pellowe, 캐나다 기독교 자선협회Canadian Council of Christian Charities CEO

지혜로운 이사회 거버넌스는 절대적으로 중요하다! 제임스 갤빈은 일부 이사회의 성과가 저조한 이유를 독자들이 이해할 수 있도록 돕고, 이사회 거버넌스의 성과를 높이기 위한 돌파구를 찾는 데 도움 되는 실용적이면서도 혁신적인 통찰을 제시한다. 스콧 브라운 W. Scott Brown, 크리스천 리더십 얼라이언스 Christian Leadership Alliance 리더십 경험 및 자원 부회장

수많은 이사회와 협업해 본 내 경험에 따르면, 대다수 이사회가 거버넌스에 대한 명확한 이해가 부족하다. 자기들이 어떤 유형의 이사회가 되고 싶은지 확신하지 못하는 이사회가 많다. 그들에게는 거버넌스에 대한 실용적 관점을 제공하는 이

→

책이 꼭 필요하다. 나는, 자신이 몸담고 있는 이사회의 효과성을 높이고자 하는 모든 이사를 열렬히 응원한다! 케빈 포드Kevin Ford, 레이턴 포드 미니스트리Leighton Ford Ministries 수석 강연자

너무도 많은 이사회가 제 기능을 하지 못하고 있다. 비영리 단체의 이사회는 특히 더하다. 대개는 좋은 이사가 되는 원칙이 뭔지 잘 모르는 탓이다. 제임스 갤빈은 이 분야에서 다년간 쌓은 전문성을 바탕으로 오작동하는 이사회에 신선하면서 실용적인 답을 제시한다. 마빈 뉴웰Marvin J. Newell, 미시오 넥서스 Missio Nexus 전 수석 부사장

제임스 갤빈은 대다수 비영리 단체의 성패를 좌우하는 첫 번째 요인으로 '이사회'를 꼽는다. 그는 명료하고 간단한 과정을 통해 이사들이 이사회의 효과성을 높일 수 있도록 확실하게 안내한다. 이 책을 읽고 업계 최고에게 배워라. 데이비드 밴 패튼David Van Patten, 국제 교도소 선교회Prison Fellowship International 최고 운영 책임자

가치와 의미가 있는 이사회를 원하는가? 여기 정확하고 실용적인 안내서가 있다. 이 책은 상황에 따른 거버넌스 선택지를 제공하고, 이사들이 반드시 해야 할 일과 하지 말아야 할 일을 알려 준다. 교회와 비영리 단체 리더들이 꼭 읽어야 할 책

←

이다! 프레더릭 올데Frederick A. Ohlde, 쓰리벤트 파이낸셜Thrivent Financial 전 수석 부사장

제임스 갤빈은 이제 막 출발하는 신생 이사회와 조직의 성과를 끌어 올리고자 애쓰는 기성 이사회 모두에 도움이 될 원칙과 기법을 이 책에 모조리 정리했다. 어떤 독자라도 몰입해서 읽고 적극적으로 참여할 수 있도록 각종 사례, 이야기, 실습을 창의적으로 펼쳐 나간다. 비영리 단체와 이사회에 매우 효과적인 안내서다. 폴 리그비Paul Rigby, 제이피 모건 체이스JP Morgan Chase & Co. 전 상무이사

수년간의 경험을 바탕으로, 제임스 갤빈은 본질적인 부분을 넘어 실제 거버넌스의 복잡성과 다양성까지 논의의 범위를 조심스럽게 확장해 나간다. 이사회의 효과성을 높이는 일에 의미 있게 이바지하고자 열심히 노력하는 이사들의 이해를 돕고 그들에게 실질적인 도움을 제공하는 책이다. 데이브 콜맨Dave Coleman, 엠제이 머덕 자선 신탁M. J. Murdoch Charitable Trust 전 프로그램 책임자

나는 그동안 크고 작은 비영리 단체의 이사회에서 활동해 왔고, 솔직히 거버넌스에 관한 책을 싫어하는 편이다. 그러나 제임스 갤빈은 수년간 이사회에 자문해 온 경험을 바탕으로

→

많은 이사회에 필요한 실용적인 관점을 제시한다. 신선하고, 통찰력 있고, 이해하기 쉽고, 철저하고, 기운을 북돋는 책이다. **바이런 스프래들린**Byron Spradlin, **국제 기독교인 예술가 협회**Artists in Christian Testimony International **회장**

직업상 또는 자원봉사자로서 교회 및 커뮤니티 이사회와 협업할 때, 제임스 갤빈을 컨설턴트로 종종 추천하곤 했다. 이제, 효과성을 높여서 단체에 더 크게 도움을 주고자 하는 모든 이사회에 이 책을 추천할 수 있어 대단히 기쁘다. 이 책에 실린 실용적인 개념과 사례, 도구는 거버넌스 방식을 평가하고 개선할 때 모든 이사회에 매우 유용하게 쓰일 것이다. **팀 쉬완**Tim Schwan, **쓰리벤트**Thrivent**의 교회와 커뮤니티 활동부 전 부회장**

제임스 갤빈의 책은 이사회가 건강한 관계와 구조를 갖추어 효과성을 높이려면, 시간을 들여 '자기 자신을 알아 가야' 한다는 사실을 깨닫게 해 준다. 이 책은 모든 문제에 기계적으로 답하지 않는다. 이사회가 어떻게 기능하는지, 어떻게 하면 그 기능을 개선할 수 있는지 생각해 보게 하는 실용적인 조언이 가득하다. 어떤 이사회든, 갤빈이 안내하는 대로 여기 실린 원칙과 실천 지침을 현장에서 실행하면 효과성이 훨씬 더 올라가리라고 나는 확신한다. **바루크 브라이언 크바스니차**Baruch Brian Kvasnica, **예루살렘 세미너리**Jerusalem Seminary **총장**

←

훌륭한 리더들도 이사회에서 봉사하기로 한 다음부터는 '바보'가 되어, 파란을 일으키지 않으려고 모범 관행을 무시하곤 한다. 이 책은 이사회가 어떻게 단체장을 지원하면서 모든 면에서 공헌하고 도전하고 평가할 수 있는지를 보여 준다. 효과적인 이사회야말로 단체가 급속한 성장을 이루는 지름길이다! 더그 프랭클린Doug Franklin, 리더트렉스LeaderTreks CEO

3년 전, 우리 단체는 전략적 계획을 세울 때에 제임스 갤빈에게 의뢰해서 도움을 받았다. 갤빈이 전략이든 전략 계획이든 한 페이지에 핵심을 다 담아내야 한다고 말한 순간, 나는 바로 설득당했다. 솔직하고 실용적이며 요점까지 잘 다루고 있다. 모든 이사가 꼭 읽어야 할 책이다. 브래드 메울리Brad Meuli, 덴버 레스큐 미션Denver Rescue Mission 회장 겸 CEO

제임스 갤빈이 또 해냈다. 그는 교회 지도자들이 교회 안에서, 그리고 다른 목회 상황에서 이사회를 흥미롭고 효과적으로 관리하는 일이 얼마나 중요한지 잘 이해하고 이를 진지하게 받아들이도록 개념, 아이디어, 성찰, 경험, 그리고 의미 있고 인상적인 초상을 한데 모으는 재능을 가지고 있다. 이사회를 관리형, 협력형, 항해형으로 구분하고 분류한 부분은 그 자체로 읽을 가치가 있다. 장담하건대, 절대 지루하지 않을 것이다! 리치 빔러Rich Bimler, 휘트 리지 미니스트리Wheat Ridge

Ministries 명예 CEO

리더들에게 거버넌스를 운영하는 법을 가르치는 교수이자 컨설턴트로서, 나는 이사회가 활용할 수 있는 도구가 무엇인지 잘 알고 있다. 이 책은 단체에 어떤 유형의 이사회가 필요한지를 가장 잘 설명한다는 점에서 다른 책들과 확연히 구별된다. 놀랍게도, 이 책에는 수긍할 만한 비즈니스 감각이 가득하다. 다들 자리에 앉아서 이 책을 읽어 나가면, 이사회가 악명 높은 혼란과 역기능을 극복하고 단체에 이바지하는 법을 배우게 될 것이다. **세라 섬너**Sarah Sumner, **라이트 온 미션**Right On Mission 학장

제임스 갤빈은 이사회 거버넌스에 관한 한 최고 권위자로 손꼽힌다. 특히 신앙에 기반을 둔 단체에서 거버넌스를 작동시키는 데 필요한 것에 관한 설명과 실천 지침은 현재 이용할 수 있는 자료 중 단연 최고다. 이 책은 훌륭한 거버넌스가 위대한 사역을 가능하게 하고 지원한다는 그의 (그리고 나의) 깊은 신념을 확실히 증명한다. **도널드 크리스천**Donald Christian, **컨커디어 대학교 텍사스 캠퍼스**Concordia University Texas **총장 겸 CEO**

'성공한 이사회'라는 꿈을 현실로 바꾸고 싶은 사람들이 반드시 읽어야 할 책이다. 실용적이면서 통찰력 있는 이 책은 리

더들이 이사회 성과에 즉각적이고 의미 있는 영향을 끼치도록 도와줄 것이다. 열심히 형광펜 칠할 준비를 해라! 데이브 슝크Dave Schunk, 미국 자원봉사자 협회 콜로라도 지부Volunteers of America Colorado 회장 겸 CEO

이 책은 제임스 갤빈이 비영리 거버넌스 세계에 건네는 선물이다. 리더들이 결정을 내리고 정책을 수립하고 방향을 정할 때 필요한 실용적인 통찰이 페이지마다 가득하다. 이사회를 끊임없이 개선하는 도구로 이 책을 사용하라. 이사회의 성과를 평가하고, 신임 이사를 교육하고, 이사회 효과성을 높이는 데 도움이 될 것이다. 데이비드 알렉산더David Alexander, 노스웨스트 나사렛 대학교Northwest Nazarene University 전 총장

신앙에 기반을 둔 커뮤니티와 비영리 단체의 문제를 해결하고자 다시 한번 고심한 흔적이 역력하다. 제임스 갤빈 박사는 이미 알려진 것 이상을 탐구하면서, 이사회 기능을 개선하고 단체의 우수성을 높이고자 혁신적인 생각을 제시한다. 놉 어쉬Norb Oesch, 패스토럴 리더십 이니시에이티브Pastoral Leadership Initiative 전 집행부 책임자

제임스 갤빈은 직설적이고 명쾌한 언어로 이사회의 효과성을 날카롭게 분석한다. 갤빈 박사는 관리형 이사회와 협력형

→

이사회가 비영리 단체의 역사에서 한 자리씩 차지하고 있다는 점을 인정하면서도, 불확실성이 커지는 격변기에는 단체를 개혁하고 재편하는 작업에 도움이 되는 항해형 이사회에 주목해야 한다는 점을 강조한다. 그 어느 때보다 불확실한 격동의 시대에 조직을 이끄는 사람들에게 유용한 책이다. **커트 크루거**Kurt Krueger, 컨커디어 대학교 어바인 캠퍼스Concordia University Irvine **명예 총장**

신임 이사들을 교육할 탁월한 자료를 찾고 있는가? 이사회 거버넌스를 둘러싼 혼란을 정리할 자료를 찾고 있는가? 아니면 효과성을 최대로 높이기 위해 이사회 모드를 전환할 때 참고할 자료를 찾고 있는가? 더 둘러볼 필요 없다! 이 지침서는 이사들이 본인의 역할을 이해하고 모든 측면에서 메커니즘을 개선하도록 도와줄 최고의 교재다. **수전 휴이트**Susan Hewitt, **교육학 박사 겸 이사**

이사회와 협업하는 방법을 알려 줄 확실한 안내서를 찾고 있다면, 이 책을 읽어라. 20년 넘게 수백 개의 비영리 단체에 자문해 온 저자가 쓴 책이다. 나는 개인적으로 지식과 전문성을 갖춘 제임스 갤빈에게 도움을 많이 받았다. 특히, 효과성이 높은 이사회와 효과성이 낮은 이사회를 평가한 부분을 읽고 나의 혼란이 깔끔하게 정리되었다고 자신 있게 말할 수 있다.

←

켄 엘바인Ken Ellwein, 오렌지 루터 고등학교Orange Lutheran High School 전 교장

제임스 갤빈은 비영리 단체에 관해 제대로 이해하고 있으며, 이사회가 비영리 단체를 어떻게 지휘해야 하는지 확실히 꿰뚫고 있다. 전략 계획을 수립하는 워크숍 기간에, 제임스 갤빈은 우리 조직이 미래에도 사업을 잘 펼쳐 나갈 수 있는 적절한 방향을 찾도록 도와주었다. 이사회의 역할에 관해 배워야 하는 사람이라면, 누구든 제임스 갤빈에게서 답을 찾을 수 있다. 세라 포니츠Sarah Ponitz, 패드스 오브 엘진PADS of Elgin 운영 책임자

나는 영리를 추구하는 기업, 비영리 단체, 종교 단체, 민간 및 공공 분야에서 이사로 활동하기도 했고 이사장을 맡아 이사회를 이끌기도 했다. 제임스 갤빈의 책은 이사회와 단체장이 만나는 중요한 지점에 필요한 조직 관리, 거버넌스, 항해 지식 및 응용에 관한 이론과 경험으로 가득 찬 보고寶庫나 다름없다. 설사 당신이 이 과정을 제법 잘 안다고 할지라도, 이 책을 통해 조직의 효과성과 성취를 바라보는 시각이 탁 트이는 독특한 경험을 하게 될 것이다. 존 에크리치John D. Eckrich, 그레이스 플레이스 웰니스 미니스트리Grace Place Wellness Ministries 설립자 겸 내과의

→

Maximizing Board Effectiveness
by James C. Galvin

© 2020 by James. C. Galvin
Originally published in English under the title *Maximizing Board Effectiveness*
By Tenth Power Publishing, USA.

This Korean edition is translated and used by permission of James C. Galvin
through arrangement of rMaeng2, Seoul, Republic of Korea.

This Korean edition © 2021 by Viator, Seoul, Republic of Korea.

이 한국어판의 저작권은 알맹2를 통하여 James C. Galvin과 독점 계약한 비아토르에 있습니다. 신 저작권법에 의해 한국 내에서 보호를 받는 저작물이므로 무단전재와 무단 복제를 금합니다.

굿 거버넌스, 어떻게 할 것인가

굿 거버넌스, 어떻게 할 것인가

효과적인 비영리 이사회
경영하기

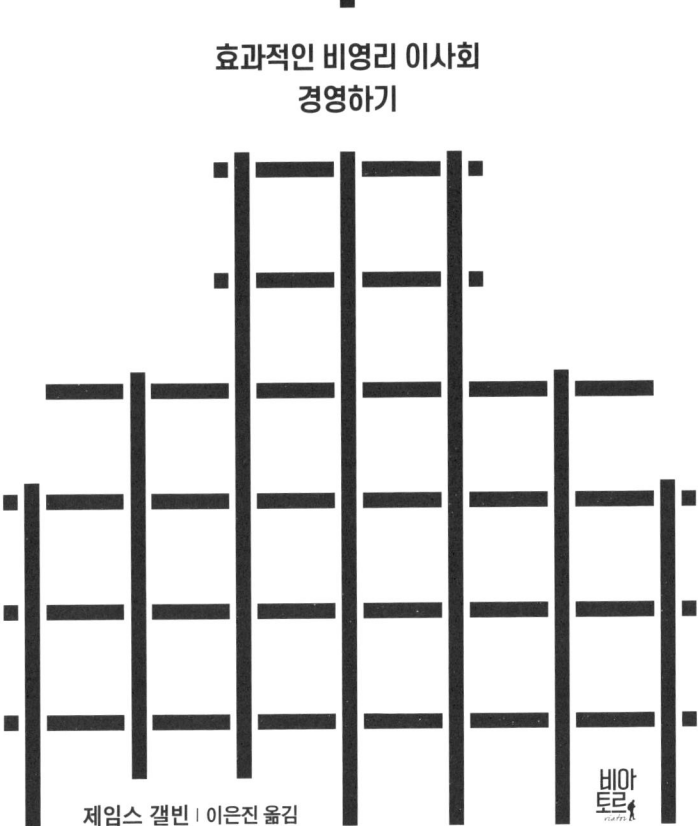

제임스 갤빈 | 이은진 옮김

서문

이 글을 쓰는 지금, 2020년 5월로 막 접어들었다. 지구는 코로나19로 위기에 처해 있다. 지금 우리는 그동안 삶을 구성했던 많은 요소가 흔들리는 모습을 지켜보고 있다. 우리 앞에 놓인 미래가 불안하고 불확실해지고 있다. 상황이 이러하다 보니 자기네 단체가 앞으로 살아남을 수 있을지, 굳건히 버텨 낼 수 있을지 궁금해하는 이들이 많다.

당신이 비영리 단체의 단체장이라면, 이 책에서 수십 가지 좋은 답을 발견할 수 있을 것이다. 지금과 같은 팬데믹 상황에서나 앞으로 닥칠 다른 위기 속에서 조직을 관리할 방법을 모색하는 이사들에게도 이 책이 도움이 될 것이다. 지칠 대로 지친 운영진은 이 책을 통해 자신의 역할을 조금 더 명확하게 이해할 수 있을 것이다. 우리가 다시는 코로나19

이전으로 돌아갈 수 없을 거라고 결론 내리는 사람이 많아지고 있다. 그렇다. 거의 모든 것이 예전과 달라질 것이다. 물론, 이것도 우리가 속한 단체가 계속 살아남는다는 전제하에서 하는 말이다.

제임스 갤빈은 솔직하게 "전부 다 겪어 봤다"라고 말할 수 있는 거버넌스 컨설턴트 중 한 명이다. 적어도 지금까지는 그랬다. 제임스 갤빈은 코로나19가 시작되기 한참 전부터 어떤 이사회는 잘 굴러가는데 어떤 이사회는 삐거덕거리는 이유를 조명하기 시작했다. 이 책에는 명료하고, 솔직하고, 담백하고, 머리에 쏙쏙 들어오는 조언이 가득하다. 책을 펼쳐 든 당신에게 참 잘했다고 칭찬해 주고 싶다. 시간이 조금 더 들더라도 마음에 와닿는 글귀에 밑줄을 그으면서 읽으면, 앞으로 나아가기가 훨씬 쉬울 것이다.

코로나19라는 바이러스를 겪으며 많은 사람이 공통된 메시지를 내놓고 있다. "우리는 이 어려운 시기를 함께 겪고 있습니다." 미국에 있는 150만 개 이상의 비영리 단체와 35만 개의 교회에도 똑같이 적용해야 할 메시지다. 이들 단체에는 모두 이사회가 있을 것이다. 가장 작은 단체를 제외하고 거의 모든 단체에는 단체를 총괄하는 단체장이 있다. 이사회와 단체장은 조직의 존폐를 결정하는 핵심 인사다. 그러니 그들 모두 이 책을 읽고 어떻게 하는 것이 자기네 단체에 바람직한지 중지를 모아야 한다. 낭비할 시간이 없다.

흥미롭게도, 제임스 갤빈은 이 세상에는 오직 세 가지 유형의 이사회가 있을 뿐이라고 자신 있게 말한다. 모든 이사회는 이 셋 중 하나에서 파생한 것이라는 말이다. 어쩌다 보니 나도 거버넌스 컨설턴트가 되었다. 이 책을 읽고 있자니 내가 자문하고 있는 단체들이 생각났다. 다들 훌륭한 이사회를 갖추고 있지만, 현재 헤쳐 나아가야 할 복잡한 상황에 놓여 있다. 제임스 갤빈은 각 이사회의 장단점, 이유, 방법을 명쾌하게 설명한다. 세 가지 유형의 차이점을 듣고, 현이사회에 부족한 부분을 메우기 위해 외부 인사로 구성된 특별 전문위원회가 필요하다는 결정을 내리는 이들도 더러 있을 것이다. 선택지는 많다. 그러나 결정은 당신이 해야 한다.

이사회가 세 가지 유형 중 어디에 속하든, 많은 비영리단체가 내년과 후년에 가장 힘든 시기를 보낼 것이다. 이제껏 '그룹으로 모여서' 일하고 배우고 봉사해 왔다면, 지금과 같은 '사회적 거리 두기' 상황에서는 어떻게 해야 할까? 기술에 투자하는 게 현명할까? 기부금이 현저하게 줄어드는 문제는 어떻게 해결할 수 있을까? 이사들 개개인이 자기 자신이나 자기 가족, 자기 사업체, 자기 교회가 어떻게 해야 살아남을 수 있을지 골몰하고 있다면, 이사회는 불확실한 미래에 대비하는 단체 로드맵을 어떻게 짤 수 있을까?

일부는 이미 합병을 검토하고 있다. 일부는 어떻게 하면 품위 있게 조직을 해체할 수 있느냐고 묻는다. "누가 알

겠어요? 오직 하나님만 아시겠죠." 귀에 익은 이 말이 요즘처럼 피부에 와닿는 때도 없다. 그러나 지금은 모든 이사회가 그 어느 때보다 효과성을 높이기 위해 전력을 다하고, 어려운 결정을 시의적절하게 내려야 할 때다. 우리에게는 돌아갈 곳이 없다.

로버트 안드링가Robert C. Andringa 박사, 전 미국 교육위원회 위원장
2020년 5월 2일, 애리조나주 스코츠데일에서

들어가는 말

이 책은 이사장과 이사회 구성원인 이사들, 그리고 이사회에 보고하는 사람들을 위해 쓴 책이다. 나는 이사회가 마땅히 해야 할 역할을 못 하고 삐거덕거리는 폐단을 없애기 위해 이 책을 썼다.

'적응형 거버넌스adaptive governance'라는 말을 많이 하는데, 이 책에서는 운영 방식이나 방법을 필요에 따라 유연하게 바꿀 수 있는 이사회를 뜻한다. 이사회가 단체의 의사 결정에 더 깊이 관여해야 할 때가 있는가 하면, 한발 물러서서 정책 수립에 집중해야 할 때가 있다. 때로는 단체와 관련된 주변 환경이 어떻게 변하는지에 관심을 더 기울여야 할 때도 있다. 조직을 변화시키는 건 참으로 어려운 일이다. 이사회를 변화시키는 건 그보다 두 배는 더 어렵다. 이사들은 조직을 운영하는 자기들의 방식이나 유형을 돌이켜보는 법이 거의 없기 때문이다. 오늘날, 우리들 조직에 '적응형 리더십'이 필요하듯 '적응형 거버넌스'에서도 얻을 게 있다.

이사회와 거버넌스를 설명할 때 사용하는 단어는 매우 다양하다. 용어부터 간략히 살펴보자.

- 조직을 감독하는 사람들의 그룹은 이사회, 위원회, 협의회, 원로회 등으로 다양하게 불린다. 이 책에서는 '이사회 board'라는 용어를 사용할 것이다.
- 이사회를 이끄는 사람은 위원장, 의장, 회장, CGO chief governance officer 등으로 불린다. 이 책에서는 '이사장 board chair'이라고 부를 것이다.
- 이사회에서 활동하는 사람들은 위원, 중역, 대표, 구성원 등으로 다양하게 불린다. 이 책에서는 '이사 board member'로 부를 것이다.
- 단체를 이끌도록 이사회에서 선임한 사람에게는 책임자, 상임 이사, 회장, 담임목사, 교장, 관리자, CEO 등의 직함을 붙인다. 이 책에서는 '단체장 organizational leader'이라고 부를 것이다.

책을 어떻게 구성할지 윤곽을 대충 그릴 때부터 최종 원고를 마무리할 때까지, 집필 과정에 죽 함께해 준 동료 피터 오더널Peter O'Donnell에게 감사하고 싶다. 그는 이사회에 세 가지 유형이 있다는 내 이론을 그냥 웃어넘기지 않았다. 이 책은 조직의 사명을 지키면서 맡은 사업을 계속 진행할 수 있도록 보장하는 것이야말로 이사회의 목적이라고 주장한다. 나는 이 개념을 피터 오더널의 책에서 빌려 왔다. 오더널은 '항해형 이사회'라는 개념을 더 깊이 파고들라고 나를 밀어붙였고, 첫 장부터 마지막 장까지 건설적인 피드백을 해주었다.

모든 이사회는
단체에
이바지해야 한다.

하지만
어떻게?

차 례

추천의 말	1
서문	16
들어가는 말	20

1장 효과성이 낮은 이유	26
2장 거버넌스를 둘러싼 혼란	41
3장 이사회의 세 가지 유형	52
4장 관리형 이사회	73
5장 협력형 이사회	93
6장 항해형 이사회	115

7장 모드 전환하기	**133**
8장 전략 수립과 이사회 역할	**151**
9장 기금 모금과 이사회 역할	**183**
10장 난관에 부딪치는 순간들	**201**
11장 난관을 돌파하게 돕는 도구들	**234**
12장 효과성이 높은 이사회	**260**

부록 1 토론 가이드	274
부록 2 이사회 자체 평가	279

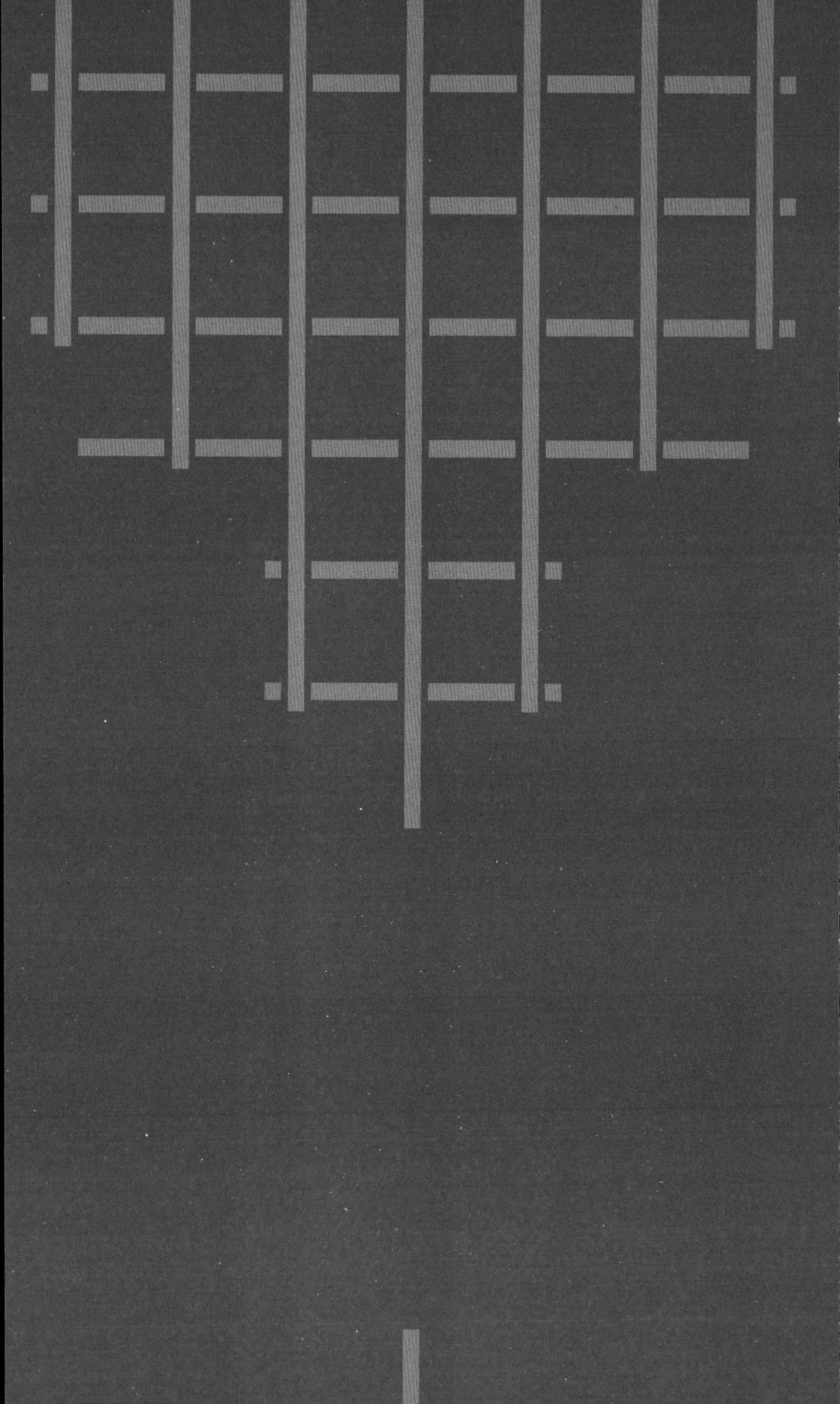

1장

효과성이 낮은 이유

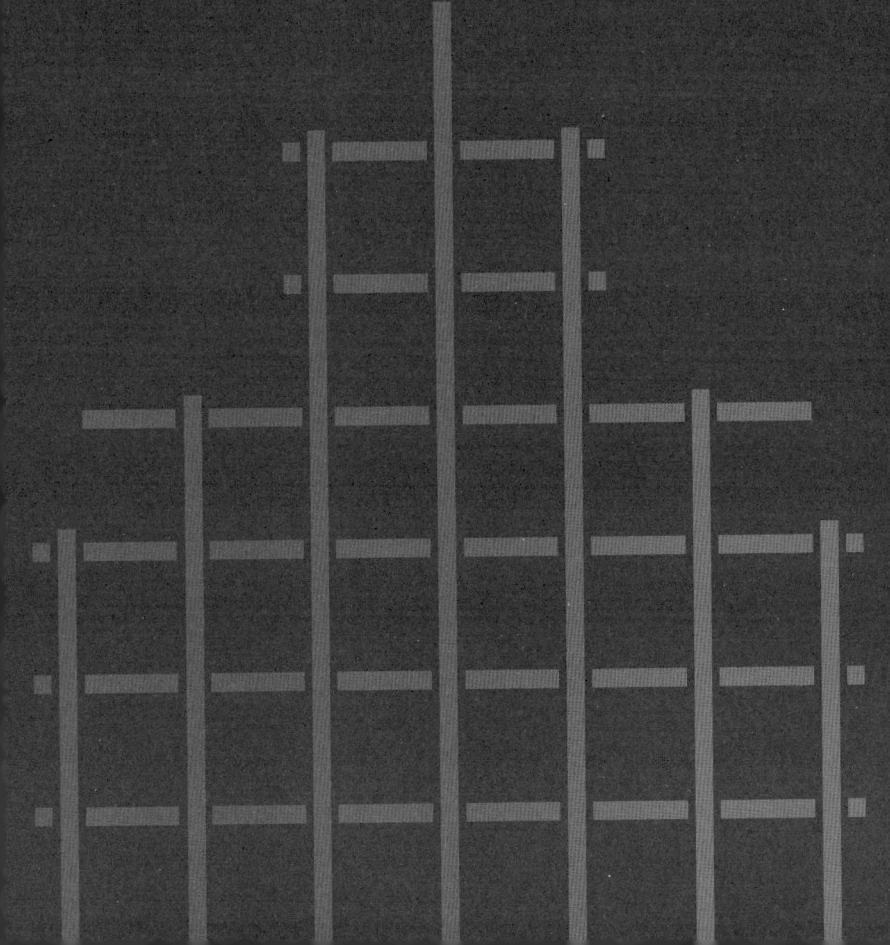

| MAXIMIZING BOARD EFFECTIVENESS |

이론상으로만 보면 '거버넌스'는 간단하다. 그런데 실생활에서는 그렇게 간단하지가 않다. 대다수 이사회가 잠재력을 충분히 발휘하지 못한다. 심지어 자기들이 감독해야 할 단체의 상황을 악화시키는 이사회도 많다. 이사회는 단체에 도움이 되어야지, 단체의 시간과 돈, 그 밖의 자원을 낭비하는 걸림돌이 되면 안 된다. 그런데도 효과성이 낮은 이사회가 왜 그렇게 많은 걸까? 본래 의도와 반대로 역기능을 낳는 이사회는 또 왜 그렇게 많을까?

사고실험思考實驗을 한번 해 보자. 당신이 친구 대여섯 명과 힘을 합쳐 미니마트(식품, 신문 등을 팔며 심야까지 영업하는 작은 상점-옮긴이)를 차렸다고 가정해 보자. 다들 저축해 두었던 돈을 상당액 투자하고 은행에서 대출까지 받았다. BP,

서클 K Circle K, 세븐일레븐 7-Eleven, 러브스 Love's, 파일럿 플라잉 제이 Pilot Flying J, 엑스트라마일 ExtraMile, 퀵체크 QuickChek, 퀵트립 QuickTrip, 콰이크 필 Kwik Fill, 콰이크 스톱 Kwik Stop이 머릿속에 떠오른다. 당신들에게는 나름의 계획이 있다.

주유소와 편의점을 결합한 작은 상점으로 자동차에 기름도 넣을 수 있고 커피나 청량음료, 식품 따위를 한 번에 살 수 있는 곳. 위치는 번화한 교차로가 좋을 것이다.

투자자로서 여러분은 훌륭한 위치를 확보했을 뿐 아니라, 건물을 빌리고 기반 시설을 갖추는 일까지 제시간에 끝마쳤다. 이제 기름을 주문하고, 진열대에 상품을 채우고, 직원으로 일할 사람을 뽑아야 한다. 그런데 당신은 미니마트에서 일할 생각이 없다. 투자자 중에는 상점을 직접 운영하고 싶어 하는 사람이 아무도 없다. 여러분은 그저 투자자로서 상점을 소유하고, 돈이 들어오고 나가는 모습을 감독하길 원한다. 따라서 여러분은 상점을 맡아 줄 운영자를 고용해야 한다.

철저한 채용 절차와 수십 번의 면접 끝에 주립대학을 최근에 졸업한 젊은 여성을 찾아낸다. 경영학을 전공했고, 사람을 대하는 능력이 뛰어나 보이는 인물이다. 투자자 모두가 그를 마음에 들어 한다. 상점을 새로 여는 힘든 일에 기꺼이 도전하려는 열망이 느껴지기 때문이다. 그래서 그를 매니저로 고용한다.

이제 여러분은 매니저에게 미니마트를 함께 꾸려 갈 직원을 고용하라고 요구한다. 직원 복리 후생에 대한 비용을 줄이기 위해 시간제 근로자만 뽑으라는 조건을 구체적으로 정해 준다. 여러분은 또한 매니저에게 기름 배달 일정을 잡고, 가게에서 팔 물품을 모두 주문하고, 회계 담당과 손발을 맞추고, 매장을 보기 좋게 관리하라고 요구한다. 바꿔 말하면, 그에게 책임을 일임한다.

의사소통과 책임 소재를 명확히 하고자, 여러분은 매니저에게 한 달에 한 번 열리는 정기 이사회에 참석하라고 요구한다. 이사회 때 재무제표를 가져와 이사들과 함께 검토하고, 매장을 운영하면서 맞닥뜨린 문제나 직원들과 관련된 중요한 문제, 그 밖에 도움이 필요한 문제가 있으면 무엇이든 알려 달라고 말한다. 소유주들을 위해 이윤을 내는 것, 그것이 매니저가 할 일이다. 그 대가로 여러분은 매니저에게 매일 결정을 내리고 사업을 운영할 수 있는 재량권을 준다.

생각해 보자

- 당신은 매니저를 감독하는 문제에 관한 이 합의가 마음에 드는가?
- 아니면 매니저를 조금 더 통제해야 한다고 생각하는가?

- 월례 회의에서 사업 운영에 관해 더 자세한 정보를 요구할 생각인가?
- 매니저가 '중대한' 결정을 내리기 전에 당신에게 먼저 확인받았으면 하는가?

개업일이 다가온다. 상공회의소가 개업식을 진행한다. 이제 여러분은 사업체 소유주다. 신나는 일이다. 첫 번째 월례 회의가 열렸고, 첫 달 운영을 마친 미니마트는 다행히 수익을 냈다. 매니저는 열정도 있고 함께 일하기 편한 사람이다.

6개월 뒤에도 미니마트는 꾸준히 수익을 낸다. 매니저는 매달 이사회에 재무 보고서를 들고 온다. 그리고 매장을 운영하면서 어떤 중요한 문제에 맞닥뜨렸고 그 문제를 어떻게 해결했는지 빠짐없이 알린다. 이사회 회의는 매달 한 시간가량 진행한다. 매니저는 대인관계 능력이 뛰어나서 직원들을 대할 때든 이사진을 대할 때든 막힘이 없다. 사업체를 소유하는 일이 이렇게도 쉽다니!

투자자인 여러분은 미니마트 운영을 둘러싼 세세한 일상 업무에 관여하지 않으려고 한다. 그래도 자동차에 기름을 넣을 때는 거기로 간다. 결국, 여러분은 주유하러 경쟁업체에 가지 않게 된다. 때때로 '몸에 좋은' 간식을 사러 매장에 들르기도 한다. 그러다 문득, 더 이상 매장이 새롭고 깨끗하게 보이지 않는다는 사실을 알아차린다. 비 오는 날, 손님들이 젖은 신발을 신고 드나드는 통에 바닥 타일은 어느새 잿빛으로 변했다. 진열대에는 상품이 흐트러져 있다. 계산대에는 잡동사니가 널브러져 있다. 소유주들은 서로 걱정거리를 토로하기 시작한다. 결국 소유주들이 원하는 건 매장에서 가능한 한 많은 수익이 나오는 것이다.

생각해 보자

- 당신은 이런 걱정거리를 어떻게 해결해야 할까?
- 어쨌거나 사업체가 상당한 수익을 내고 있으니 그냥 입 다물고 있어야 할까?
- 이사들이 각자 미니마트를 들를 때마다 매니저와 이야기를 나누고 의견을 제시해야 할까?
- 다음번 이사회 회의에서 이러한 문제를 제기하는 게 좋을까?
- 당신은 이사회가 어떻게 조치하길 원하는가?

다음번에도 매니저는 긍정적인 재정 보고서를 들고 쾌활하게 회의에 참석한다. 그리고 직원 두 명이 일을 그만두겠다고 통보했지만, 이미 대체자를 구했다고 설명한다. 이사진은 회의 때 매니저에게 우려 사항을 전달하기로 뜻을 모은 상태다. 최대한 부드럽게 우려 사항에 관해 매니저와 이야기하고자 한다. 여러분이 더러운 바닥에 관해 우려를 표하자, 매니저는 영업을 마친 뒤 매일 바닥을 닦는다고 설명한다. 그러자 여러분은 날씨가 궂으면 직원을 시켜 바닥을 더 자주 닦으라고 매니저에게 지시한다. 또한 진열대에 상품이 흐트러져 있는 점을 지적하면서, 매장 내부가 손님들에게 어떻게 보일지 조금 더 신경을 쓰라고 요구한다. 매니저는 직원을 시켜 진열대 정리에 시간을 더 들이게 하겠다고 대답한다. 이어서 여러분은 계산대가 얼마나 너저분한지 설명한다. 손님들이 손쉽고 편안하게 계산할 수 있도록 널브러져 있는 잡동사니를 전부 치우라고 매니저에게 말한다. 매니저는 조금 당황한 표정으로 그러겠다고 답한다. 여러분은 잘해 주고 있어서 고맙다며 그를 여전히 신뢰한다고 매니저를 안심시킨다.

회의가 끝나고, 여러분은 모두 이사회가 매니저에게 최대한 정중하고 부드럽게 요청 사항을 전달했다고 생각한다. 회의에서 지적한 몇 가지를 제외하면 매니저가 일을 매우 잘하고 있다고 다들 생각한다.

다음달에 매니저는 수익은 조금 떨어졌지만, 소유주들이 지적한 사항은 전부 실행에 옮겼다고 설명한다. 매니저는 평소와 다름없이 낙관적이다. 그다음 달에 매니저는 수익이 더 떨어져 0이 된 재정 보고서를 들고 온다. 망연자실한 이사진은 한동안 말이 없다. 이윽고 이사 한 명이 참지 못하고 입을 연다. "이게 대체 무슨 일입니까? 어떻게 수익이 0까지 떨어질 수 있죠? 운영 자세에 문제 있는 거 아닙니까?"

매니저는 크게 심호흡한 뒤 참을성 있게 설명한다. "계산대에서 충동구매 품목을 치우라고 말씀하셨지 않습니까? 수익이 어디에서 나온다고 생각하십니까? 기름을 판다고 수익이 나는 게 아닙니다. 그리고 낮에 진열대를 정리하기 위해 몇몇 직원에게 한 시간씩 추가 근무를 시켜야 했습니다. 그렇게 안 해도 어차피 밤에 한번에 정리하는데 말입니다. 진열대가 지저분한 건 좋은 현상입니다. 손님이 많다는 걸 보여 주는 지표예요. 아, 그리고 바닥을 걸레질하고 나서 지난 몇 주 동안 노인 세 명이 미끄러지는 일이 있었습니다. 신체 상해 소송을 당하지 않으려면, 예전처럼 걸레질은 영업이 끝난 뒤에만 하는 게 옳다고 생각합니다."

생각해 보자

- 너저분한 매장 상태에 대해 우려를 표한 이사회의 행동은 옳았던 걸까?
- 매니저에게 소소한 변화를 요구한 이사회의 행동은 옳았던 걸까?

- 혹시 선을 넘는 행동이었을까?
- 이사들이 모두 입을 다물고 있었어야 했을까?

소유주들은 본의 아니게 상황을 악화시켰다. 도움이 될 것으로 여겼고 현명한 지적이라는 생각까지 했는데, 영업 이익이 폭락하는 결과만 낳았다. 의도치 않게 사태를 악화시켰다. 비영리 단체 이사회도 종종 같은 실수를 한다. 그들은 예산에 대해 꼬치꼬치 따지고, 운영에 관여하고, 단체장에게 비생산적인 조언을 한다.

효과성이 높은 이사회가 되는 일은 말처럼 그리 쉽지 않다. 효과성이 높은 이사회는 단체에 크게 이바지하되 운영에 간섭하면서 직접 잡초를 뽑지 않는다.

모든 이사회는 단체에 이바지해야 한다

사람들 대부분이 비영리 단체 이사회가 단체에 최종적으로 이바지해야 한다는 점에 동의할 것이다. 그러나 이사회 회의를 열기만 해도 자원이 소모된다. 보고를 받는다고 해서 단체에 이득이 되는 것이 아니다. 예산에 대해 따져 묻는다고 해서 단체에 이득이 되지도 않는다. 단체장이 일일이 이사회에 승인을 요청한다고 해서 단체에 이득이 되지 않는다.

작은 부품을 이용해 설명해 보자.

부품을 만드는 제조 공정을 생각해 보자. 직원 한 명이 첫 번째 작업대에 금속판을 올려놓는다. 그 금속판을 가로세로 8인치인 정사각형으로 자른다. 다음 작업대에서는 네 개의 모서리 근처에 구멍을 하나씩 뚫는다. 그런 다음, 정사각형 금속판과 다른 부분을 볼트로 고정한다. 그다음에는 스프레이로 페인트칠을 하고 태양등 아래 둔다. 페인트칠이 다 마르면, 배송을 위해 상자에 담는다. 제조 공정 맨 끝에는 품질 검사원이 서 있다. 그가 상자를 열어 부품을 살피고 제대로 작동하는지 확인한다. 그런 다음, 품질 검사를 완료했다는 작은 스티커를 붙이고 부품을 다시 상자에 넣는다.

에드워즈 데밍W. Edwards Deming과 린 제조Lean Manufacturing(투입되는 자산, 원자재, 시간, 공정 등에서 낭비적 요소를 최소화하려고 노력하는 생산 방식-옮긴이) 업계에 따르면, 제조 공정 맨 끝에 있는 품질 검사원은 제품이나 회사에 이바지하지 않는다. 이는 순수한 비용이고, 심지어 불필요한 비용에 속한다. 실제로 검사원이 부품을 떨어뜨려 망가뜨리면, 회사에 손해가 생긴다. 회사에 도움이 되게 하려면, 품질 검사를 공정에 집어넣어 제조 과정에서 품질 검사가 이루어지게 해야 한다.

금속판을 가져오는 첫 번째 직원은 금속판에 결함이 없는지 확인해야 한다. 금속판을 정사각형으로 자른 뒤, 작업자는 모든 조각의 크기가 정확히 가로세로 8인치인지 확인해야 한다. 금속판 모서리에 구멍을 뚫은 뒤에는 장부촉 네 개가 박힌 형판 위에 올려서 간격이 정확한지 확인해야 한다. 페인트칠이 끝나면, 부품을 내리는 직원이 마감에 결함이 없는지 확인해야 한다. 품질 검사를 시스템 안에 장착해서, 제작 공정 전반에서 검사가 이루어져야 한다.

마찬가지다. 지난달 또는 지난 분기 예산 보고서를 검토할 때 이사회는 마치 제조 공정 맨 끝에 있는 품질 검사원과 같다. 활동 보고를 듣고 단체장의 요청을 승인한다고 해서 단체에 도움되는 것이 아니다.

노련한 간부들이 있는 이사회에 컨설팅할 때면, 가끔 일과를 시작할 때 이 실례를 들고 이렇게 묻는다. "그럼, 이사회는 어떻게 해야 이 단체에 이바지할 수 있을까요?" 그러면 보통은 대답하려고 애쓴다.

많은 이사회가 본의 아니게 단체장과 단체의 상황을 악화시키곤 한다. 중대한 결정에 대해 확신이 들지 않으므로 정보를 더 달라고 하거나 어떻게 할지 논의할 시간을 더 달라고 요구하면서, 단체장의 손발을 묶는다. 그러면 단체는 다음 이사회 때까지 일을 진행하지 못한다. 중요한 자리에 앉힐 사람을 뽑을 때마다 직접 면접에 관여하고 싶어 하는 이사회도 있다. 그러면 후보군의 수준이 높아질 것 같지만 실상은 채용 절차만 복잡해진다. 지원자를 모두 탈락시키면, 본의 아니게 전체 채용 과정에 들어가는 비용이 두 배로 늘

어난다.

제대로 기능하지 않는 이사회는 단체에 도움이 되지 않는다. 해를 끼칠 뿐이다. 순전하게 단체에 이바지하지 못한다. 오히려 단체장의 귀한 시간을 빼앗고, 갈등을 야기하고, 의사 결정 과정을 더디게 만들고, 긴급한 전략적 대처를 방해하고, 달갑잖은 조언을 하고, 잘못된 결정을 내리고, 단체장이 업무에 집중하지 못하게 만들고, 그 밖의 문제를 일으킨다. 이사회에서 목소리를 내지 않는 이사들도 단체에 도움이 되지 않는 건 매한가지다. 그들은 그저 자리를 차지하고 앉아서 산소를 축낼 뿐이다.

비용 계산

비영리 단체를 감독함으로써 해당 단체가 정부 규정을 모두 준수하게 하려고 법률에 따라 구성한 것이 이사회다. 따라서 이상적인 이사회는 시간과 돈, 그 밖의 자원을 낭비하는 대신 비영리 단체에 도움이 되어야 한다. 그러나 자기들이 조직에 어떻게 이바지하는지 제대로 설명하지 못하는 이사회가 대다수다.

연습 삼아, 여러분의 단체가 한 해 동안 이사회를 계획하고 준비하고 개최하는 데 드는 비용이 얼마나 큰지 계산해 보자. 만약 단체의 규모가 커서 여비까지 지급한다면, 그것도 비용에 포함시켜라. 숙박비와 식사비를 지급한다면, 그것도 포함시켜라. 그런 다음, 단체장과 실무진이 회의를 준비하고 보고서를 작성하고 인쇄물을 만들고 회의에 참석하는 데 드는 시간을 계산하라. 그들의 근무 시간을 더하고 시간당 임금을 곱하라.

그런 다음, 이러한 비용을 상쇄하기 위해 이사회가 단체에 어떤 이득을 안겨 주는지 물어보라. 손익분기점에 다다르려면 대단히 크게 도움이 되어야 할 것이다.

이사 개개인은 이사회 회의에 들어올 때 자본을 가지고 올 수 있다. 이 자본에는 상당한 재정적 기여, 전략적 사고, 인맥, 업계나 관련 환경에 관한 지식, 거버넌스 경험, 영적 분별력, 지혜 등이 포함된다.

이사회가 역기능을 하고 있다면, 법을 위반하지 않는 선에서 될 수 있으면 이사회 회의를 열지 않는 편이 조직에 더 이로울 것이다. 이사들이 정기 후원자가 아니라면, 그들은 순전히 단체에 부정적인 결과만 몰고 올 뿐이다. 그러나 법적 요건 혹은 단체 내규에 따르면, 비영리 단체의 활동을 감독하게끔 이사회를 임명하도록 명시되어 있는 것이 보통이다. 그래서 많은 이사회가 모이기는 모이되, 단체를 어떻게 지휘해야 할지 분명하게 알지 못한다. 거버넌스를 둘러싼 혼란과 모순되는 조언이 많아서 무엇 하나 쉽지 않다.

2장

거버넌스를 둘러싼 혼란

MAXIMIZING BOARD EFFECTIVENESS

친구 몇 명에게 골프 스윙에 관해 조언을 구하면, 상반된 조언을 받을 가능성이 크다. 마찬가지로 경험이 풍부한 이사들에게 거버넌스 실무에 관해 물으면, 상반되는 지도를 받을 가능성이 크다. 거버넌스 컨설팅 전문가라는 사람들도 당신에게 저마다 다른 조언을 건넬 수 있다. 심지어 거버넌스를 주제로 책을 쓴 저자들마저도 상반되는 지침을 내놓는다. 골프보다 더 심하다.

상반된 조언 중에 당신은 어느 쪽을 따르는가? 여러분의 이사회는 어느 쪽을 따르는가? 아래 눈금판에 X자로 표시해 보라.

거버넌스를 둘러싼 혼란

한쪽의 조언	다른 쪽의 조언
단체장은 공식 투표권이 있는 이사회 정회원이 되어야 한다.	단체장은 이사회에 보고하는 직책으로서 공식 투표권을 가져서는 안 된다.
골칫덩어리 이사회를 몰아내거나 휴식이 필요한 이사를 제명하기 위해 임기 제한이 필요하다.	이사들의 이동이 자연스럽게 이뤄지도록 놔둬라. 임기를 제한하면 인재가 유출되게 마련이다.
이사회 구성원은 헌신적인 이사 대여섯 명이면 충분하다. 단체를 감독하는 데 그보다 더 많은 사람이 필요하겠는가?	이사회 규모는 그보다 더 커야 한다. 그래야 재능과 잠재력이 있는 훨씬 많은 후원자에게 다가갈 수 있다.
정책 기반 거버넌스로 전환하려고 굳이 애쓰지 마라. 사람들은 유려하게 써 내려간 정책이 아니라, 바쁘게 움직이는 적극적인 이사회를 원한다.	대다수 이사회는 정책 기반 거버넌스로 전환해야 한다. 정책 기반 거버넌스는 단체가 부닥친 난관 중 일부를 직접 해결할 수 있다.
핵심 실무자들을 이사회 회의에 정기적으로 참여시켜야 한다.	어떤 실무자도 이사회 회의에 정기적으로 참여시키지 마라.
이사회 위원회는 최소한으로 유지하고, 필요에 따라 임시 특별위원회를 활용하라.	훌륭한 이사회는 재정위원회, 거버넌스위원회 등 상임위원회를 여럿 갖추는 법이다.
필요한 인재를 이사회에 데려올 사업체 운영자, 소상공인, 전문직 종사자 등의 사람들을 영입하라.	단체를 감독하되 문제에 일일이 개입하지 않으려고 조심하는 사람들을 영입하라.

이사회는 단체장에게 권한을 위임하고 조직 운영 방식에 대해 이러쿵저러쿵 이야기하지 않아야 한다.	이사들은 경험이 풍부하므로 조직 개선을 위해 단체장에게 조언해야 한다.
이사회는 단체의 사명과 핵심 가치를 정리한 문서를 정기적으로 검토하고 수정해야 한다.	강령과 핵심 가치를 정리한 문서는 실무진이 수정하고 갱신해야 할 관리 도구다.
훌륭한 이사회는 시간이 더 걸리더라도 중요한 결정을 내릴 때마다 합의를 이루기 위해 힘껏 노력한다.	합의를 이루면 좋겠지만 현실성이 없다. 충분히 논의한 뒤 투표로 결정해야 한다.
모든 이사회에는 단체의 재무를 감독할 유능한 회계 담당자가 필요하다.	소속 주 정부나 지방 정부가 요구하지 않는다면, 회계 담당자를 지명하지 마라.
이사회의 성과가 기대에 미치지 못하면, 사임을 요구하고 더 유능한 사람들을 찾아라.	이사회의 성과가 기대에 미치지 못해도, 계속 같이 일하면서 모든 이사에게 새로운 마음가짐으로 이사회 활동에 전념해 달라고 요청하라.
새로운 이사회가 구성되면, 이사회는 이사진 중에서 이사장을 뽑아야 한다.	이사장은 임원이므로 일반 이사진과 따로 뽑아야 한다.
이사장은 이사회 리더로서 다른 팀을 이끌듯 이사회를 이끌어야 한다.	이사장은 이사회 리더로서 모든 이사의 의견을 듣는 일에 역점을 두어야 한다.
이사회는 단체의 일부인 다양한 후원 그룹을 대표할 사람들을 뽑아야 한다.	이사회는 특정 그룹이 아니라 단체 전체를 대표할 수 있는 사람들을 뽑아야 한다.

거버넌스를 둘러싼 혼란

고액을 기부할 법한 사람들을 이사회에 불러들여서 모금에 참여시켜라.	고액 기부자를 이사회에 불러들이지 말고 그들을 위해 별도의 그룹을 만들어라.
모든 이사회는 안건을 논의할 때 《로버트의 회의 규칙Robert's Rules of Order》에 나온 절차를 최대한 활용해야 한다.	제발, 그러지 마라. 그보다는 올바른 대화 원칙을 활용하여 자연스러운 대화를 나누기 위해 힘써라.

혼란은 비효과로 이어진다

이사들에게 건네는 이런 상반된 조언들은 모두 이사회를 대체 어떻게 운영해야 하는지 혼란만 일으킨다. 거버넌스에 대한 혼란은 이사회를 비효과적으로 만드는 주된 원인이다. 이사들은 단체의 사명, 이사회의 목적, 이사회의 올바른 기능, 이사회 구성원으로서 자신의 역할을 아주 명확하고 분명하게 이해해야 한다. 명확성이 중요한 이유는, 거버넌스에 대한 혼란이 다음과 같은 원치 않는 결과를 초래할 수 있기 때문이다.

허술한 구조 이사들은 종종 이사회 규모를 더 키워야 할지 줄여야 할지 확신하지 못한다. 그래서 회의를 쓸데없이 복잡하게 만들고 바쁜 이사들의 시간을 낭비하게 만드는 상임위원회를 설치한다. 한 달에 한 번씩 모여 회의하는 이사회가 있는가 하면, 일 년에 세 번만 모이는 이사회도 있다 보니, 얼마나 자주 만나는 것이 적절한지 알고 싶어 한다. 이사들은 임기 제한을 지킬지 연장할지도 확신하지 못한다.

모호한 영입 기준 이사진은 저돌적인 인물을 단체장으로 뽑아야 할지, 협동을 잘하는 사람을 단체장으로 뽑아야 할지, 아니면 둘 다 잘하는 사람을 뽑아야 할지 알고 싶어 한다. 이사진은 주요 후원자들을 대표하는 사람들에게 물어야 할지, 서비스 이용자들에게 물어야 할지, 아니면 양쪽 모두에게 물어야 할지 궁금해한다. 이사진은 거액을 기부할 법한 사람들로 이사회를 채워야 하는지를 두고 싸운다. 이런 혼란은 신임 이사들이 예비 교육을 잘 받지 못하는 상황으로 이어진다.

잘못된 리더십 회의에서 자기가 어떤 역할을 해야 하는지 확신하지 못하는 이사장이 더러 있다. 그러면 무력하거나 고압적인 이사장이 되기 쉽다. 거버넌스에 대한 혼란은 단체뿐 아니라 이사회까지 좌지우지하려는 단체장에게 틈을 준다.

절차에 관한 의견 충돌 이사진은 일을 어떻게 끝마쳐야 하는지 몰라 갈팡질팡할 수 있다. 투표해서 결정하는 게 나을지 합의를 끌어내기 위해 노력하는 게 나을지 궁금해한다. 이사장은 길어지는 회의를 언제쯤 끝내야 할지 혼란스러워

한다. 이런 혼란이 있으면, 운영과 프로그램에 관해 지나치게 자세히 보고하는 관행이 생기기 쉽다. 어떤 이들은 임시위원회를 언제 어떻게 소집해야 하는지도 잘 모른다.

해이해진 이사들 자신의 역할을 명확히 알지 못하면, 이사들이 해이해질 위험이 크다. 이사들은 무엇을 기대해야 하는지도 정확히 모른 채 아무 준비 없이 회의에 참석한다. 몇몇은 회의에 불참하면서 미리 알리지도 않는다.

불분명한 경계 거버넌스를 둘러싼 혼란으로 이사들은 언제 어떻게 운영에 관여해야 할지 잘 모른다. 일부는 더 많은 조치를 하길 원하고, 결국은 이사진 전체를 풀숲으로 끌고 들어가 직접 잡초를 뽑게 한다. 그러면 누가 어떤 결정을 내려야 하는지 불분명해진다. 이사회가 결정할 사안인지, 실무진이 결정할 사안인지, 아니면 다 함께 결정해야 할 사안인지 명확히 알 수 없게 된다.

모호한 전략 거버넌스를 둘러싸고 혼란이 생기면, 단체의 전략도 허술해진다. 이사진은 자기들이 직접 전략을 개발해야 하는지, 실무진이 짠 전략을 단순히 승인해 주기만 하면 되는지 확신하지 못한다. 장기적인 전략을 지적하는 행동이 선을 넘는 행동인지 아닌지 잘 모른다. 일부는 소규모 비영리 단체에 장기 전략이 필요한지 의문을 품기도 한다.

용납할 수 없는 행동 이사회가 거버넌스에 대해 혼란스러워하고 이사들이 건강하지 못한 집단 역학에 손을 보태면,

혼란이 빠르게 더 심해진다. 후원자들이 정식으로 선출한 이사 한 명이 걸핏하면 회의 도중에 소리를 지르고 탁자를 내려치면 어떻게 해야 할까? 만약 이사회가 두 그룹으로 나뉘어 대립하면, 어떻게 결속할 수 있을까? 이사들 사이에 갈등이 있거나 용납할 수 없는 행동을 일삼는 이사가 있으면, 어떤 안건도 제대로 논의해 보지 못하고 끝날 수 있다. 이사들끼리 사이가 좋지 않으면, 긍정적인 변화를 이루어 내기 어렵다.

이렇듯 거버넌스를 둘러싼 광범위한 혼란은 좌절의 온상이 될 수 있다. 이사회는 이 혼란을 어떻게 정리할 수 있을까? 조심하라. 지금부터 혼란이 훨씬 더 복잡해진다.

다양한 이사회

단체마다 다양한 유형의 이사회가 필요하다. 대학, 사회복지 단체, 교습 봉사 단체, 노숙자 보호소, 교회, 교단, 동물 구조 단체, 아동 스포츠 단체, 박물관, 재단, 주택 소유자 협회, 병원 등 놀라울 만큼 다양한 비영리 단체를 생각해 보라.

특히, 병원은 크고 복잡한 조직이다. 말 그대로 삶과 죽음이 오가는 사업이다. 모든 병원에는 이사회가 있지만, 병원을 운영하고 의사들을 감독하고 자기들 앞에 놓인 막대한 예산을 조정하는 법을 아는 이사는 아무도 없다. 사실, 이사들 대다수가 '자격'으로 내세울 수 있는 거라고는 의사에게 진료를 받아 보았다는 것뿐이다. 그렇다면 이사회는 어떻게 병원에 이바지할 수 있을까?

비영리 단체에 각기 다른 영역을 관장하는 여러 개의 위원회가 있을 수 있다는 점은, 일을 한층 더 복잡하게 만든다. 예를 들어, 지역 교회에는 선교위원회, 청소년위원회, 친교위원회, 재정위원회, 어린이사역위원회, 시설관리위원회, 예배위원회, 교육위원회, 투자위원회가 있을 수 있다. 전국적인 규모의 비영리 단체에는 지역 현안을 결정하고 정책을 정하는 지역위원회가 있을 수 있다. 연합 체계가 잘 갖춰진 비영리 단체라면, 자율적으로 움직이는 수백 개의 지역 이사회나 위원회가 있을 수 있다. 대학에는 이사회와 함께 학교 운영에 관여하는 교수 그룹이 있을 수 있다.

혼란을 정리하고 명확히 이해하기

따라서 모든 이사회는 거버넌스를 둘러싼 혼란을 줄여서 자기네 비영리 단체에 크게 이바지할 방법을 찾아야 한다. 기회만 있다면, 대다수 이사회는 이사회의 목적, 이사들의 역할, 이사회가 단체에 크게 이바지할 방법을 명확하게 이해하길 원할 것이다. 늘 있는 일은 아니지만, 이사회 회의 때 문제 있는 행동을 줄이고 다른 이사들의 귀한 시간을 더는 낭비하지 않기를 바랄 것이다. 그리고 자기네 비영리 단체가 사업을 계속 이어갈 수 있도록 건강한 변화를 촉진하는 역할을 하고 싶을 것이다.

만약 상반된 조언들 대부분이 각기 다른 상황에 알맞은 조언이라면 어떨까? 단체가 다양한 만큼 각기 다른 유형의 이사회가 필요하다면? 이사회를 유형에 따라 명확하게 구분할 수 있다면 어떨까?

이사회 유형이 세 가지뿐이라면?

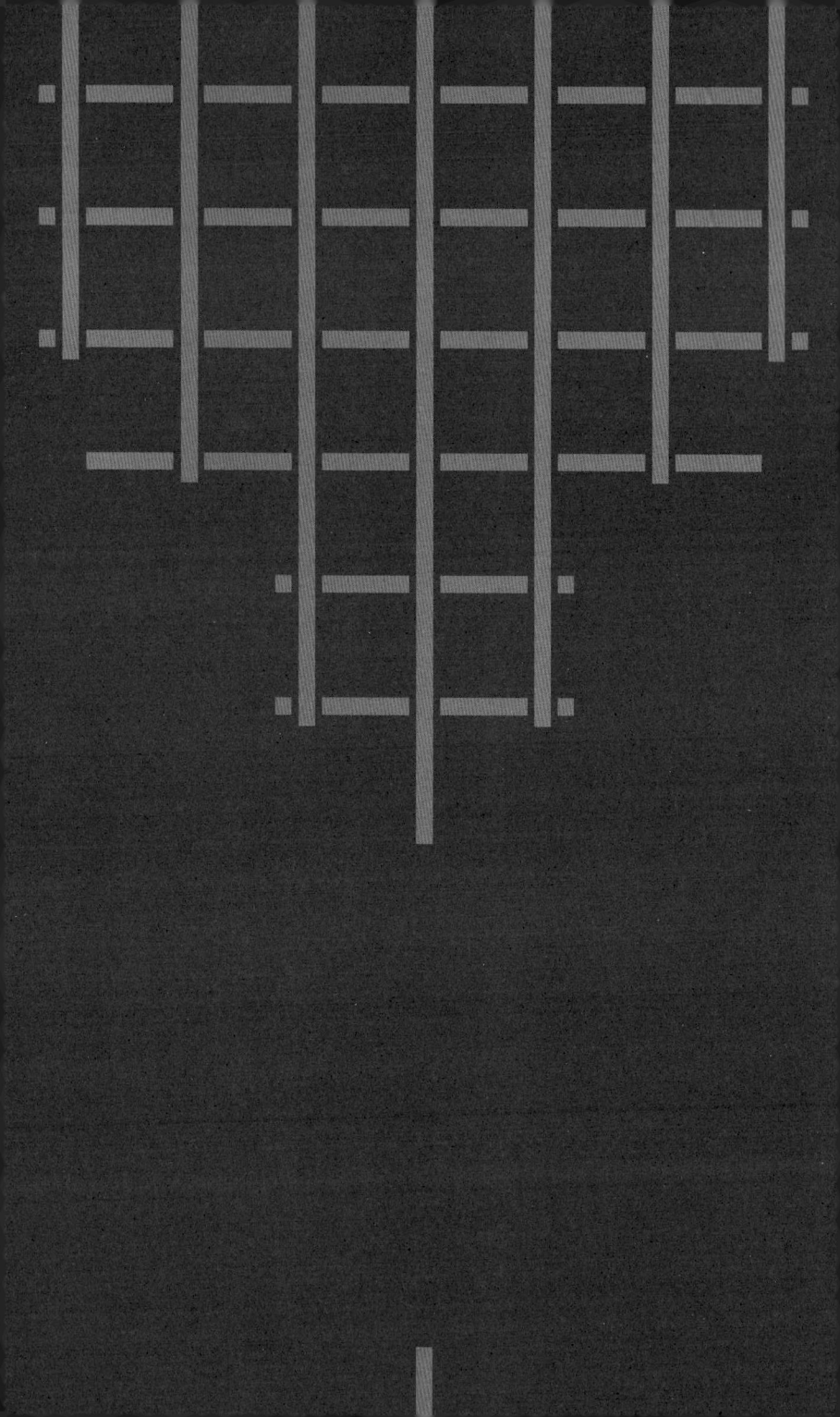

3장

이사회의 세 가지 유형

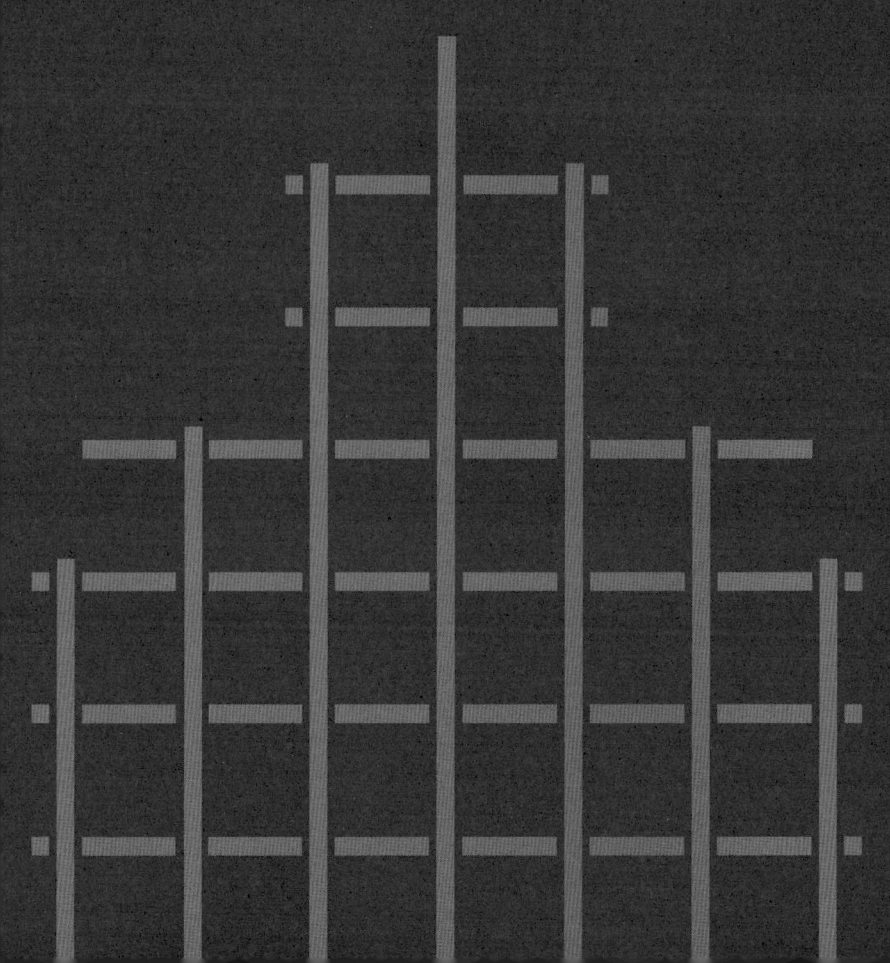

MAXIMIZING BOARD EFFECTIVENESS

비영리 단체의 종류가 다양하듯이 이사회의 종류도 다양하다. 예를 들어, 비영리 단체에서 사용하는 용어로는 다음과 같은 것들이 있다.

- 중역이사회 Board of directors
- 수탁이사회 Trustee board
- 운영이사회 Operational board
- 정책이사회 Policy board
- 교원소청심사이사회 Board of reference
- 후원이사회 Patron board
- 자문이사회 Advisory board
- 모금이사회 Fundraising board

- 관리이사회 Management board
- 고문심의회 Council of advisors
- 의장심의회 President's council
- 집행이사회 Executive board
- 리더십 협의단 Leadership roundtable
- 거버넌스이사회 Governing board
- 미래심의회 Futures council
- 비전이사회 Vision board
- 대사심의회 Ambassadors council
- 원로이사회 Elder board
- 대통령자문위원회 Cabinet
- 참관이사회 Board of observers
- 블루리본 특별대책본부 Blue ribbon task force

많은 단체가 'board'라는 용어를 사용하지만, 일부는 조직을 감독할 권한이 없다. 이들은 모금이나 특정한 자문 등 구체적인 목적이 있어서 꾸린 '보조' 그룹이다. 일반적으로 모금이사회나 자문이사회는 단체를 감독할 법적 권한이 없다. 단순히 신뢰도를 높이거나 명망이 있어 보이게끔 'board'라는 명칭을 가져다 썼을 뿐이다. 위원회 committee, 심의회 council, 협의단 roundtable, 특별대책본부 task force라고 칭하는 것이 더 정확할 것이다.

권한이 있는 이사회와 권한이 없는 이사회

비영리 단체를 등록하려고 하면, 대부분의 주 정부나 행정 구역에서는 이사회를 설립하라고 요구한다. 이사회는 수탁자로서 단체를 감독할 권한을 갖는다. 수탁자는 신탁자에게 가장 이익이 되는 결정을 내려야 할 법적 의무가 있다. 수탁자로서 비영리 단체 이사들은 다음 세 가지 의무를 진다. 첫째, 주의 의무. 둘째, 충실 의무. 셋째, 준수 의무.

주의 의무 이는 이사들이 주의를 기울여야 한다는 뜻이다. 이사들은 회의 준비를 충분히 하고, 회의에 적극적으로 참여하고, 질문을 던지고, 조직 운영에 관하여 많이 알아야 한다. 법은, 신중한 사람들이 매사에 주의를 기울이는 것과 같은 수준으로 이사들이 충분히 주의를 기울여 단체에 관한 결정을 내리기를 기대한다. 다시 말해서, 이사들은 부주의하거나 의무를 저버리면 안 된다.

충실 의무 이는 이사들이 전적으로 단체에 충실해야 한다는 뜻이다. 이사들은 이해 충돌이 있거나, 이해 충돌이 생길 가능성이 있거나, 이해 충돌을 인지하게 되면, 그것이 무엇이든 서슴없이 알려야 한다. 이사들은 자신이나 제삼자가 아니라 단체에 가장 이익이 되는 결정을 내려야 한다. 다시 말해, 이사들은 자기거래自己去來와 부패를 방지해야 한다.

준수 의무 이는 단체가 관련 법률을 모두 준수하는지 이사들이 확인해야 한다는 뜻이다. 또한, 이사들은 운영 정책을 따르고, 단체의 궁극적인 목적을 굳게 지키고, 단체의 자산이 비非자선 용도로 유용되지 않게 해야 한다. 다시 말해, 이사들은 불법적이거나 비윤리적인 행동을 하지 말아야 한다.

그래서 법률은, 조직을 감독할 권한이 있는 이사회를 비영리 단체가 갖추도록 규정하고 있다. 단체의 정관이나 규약 또는 규칙에는 이사를 선정하는 방식부터 이사의 임기, 이사에게 기대하는 직무가 명확히 기술되어 있다. 조직을 감독할 권한이 없는 이사회(위원회)도 유용한 역할을 할 수는 있다. 하지만 이들은 조직을 감독하는 일이 아니라 다른 목적을 수행한다. 진정한 이사회는 이해 당사자를 대표하고 조직을 감독할 권한을 갖는다. 이들은 법적으로 단체장을 고용하거나 해고할 수 있고, 예산을 승인하거나 거부할 수 있고, 부동산을 매각하거나 매수할 수 있고, 단체의 사명을 바꾸거나 단체를 해산할 수 있다.

유사 이사회나 이사회처럼 보이는 그룹을 모두 배제하고, 조직을 감독할 법적 권한을 가진 이사회에 초점을 맞추면, 남는 유형은 몇 안 된다. 정확히 말하면, 딱 세 가지 유형만 남는다.

이 세 가지 유형을 명확히 이해하고, 어떻게 하면 이사회가 단체에 오롯이 이바지할 수 있는지 좀 더 명료하게 정리하는 데는 '체계 이론'이 도움이 될 수 있다.

블랙박스

　일반 체계 이론General System Theory은 20세기 중반 생물학자 루트비히 폰 베르탈란피Ludwig von Bertalanffy가 창시한 이론으로 1968년에 출간된 그의 책에 처음 등장했다. 체계 이론은 별로 복잡하지 않다. 모든 것이 어떻게 서로 연관되어 있고 서로 의존하고 있는지를 밝히려고 시도하는 이론이다. 모든 현상을 시스템의 관점에서 설명한다. 여기에는 비영리 단체와 그 이사회도 포함된다.

　기본 시스템에는 다섯 가지 측면이 있다. 투입, 과정, 산출, 피드백, 환경이 그것이다. 사람, 데이터, 환경 등 시스템에 들어오는 모든 것이 투입에 포함된다. 투입에 따라 시스템이 어떻게 행동하고 무엇을 하는가가 과정에 해당한다. 산출은 시스템이 내놓는 이득 또는 낭비를 가리킨다. 피드백은 시스템에 새로 전송되는 산출에 관한 정보를 가리킨다. 피드백을 통해 시스템은 스스로 고쳐 나갈 수 있다.

　시스템에 영향을 끼치는 모든 외부 작용이 환경에 포함된다. 관련 환경은 점선 안의 영역이다. 그러나 시스템이 쉽게 인식하지 못하는 점선 밖의 힘도 시스템에 간섭하고 영향을 끼칠 수 있다. 비교적 폐쇄적인 시스템은 관련 환경이 제한되어 있다. 비교적 개방적인 시스템은 더 넓은 환경에서 다른 작용에 주의를 기울인다.

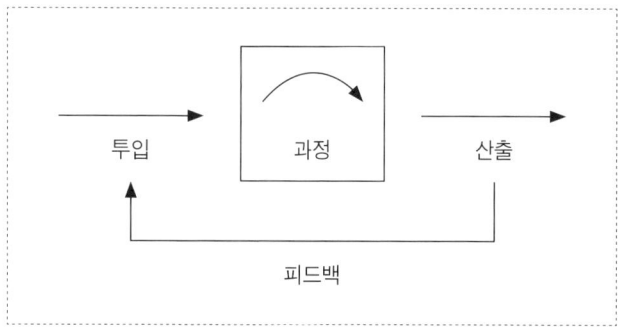

한 시스템의 투입은 다른 시스템의 산출이 된다. 시스템의 투입은 다른 시스템들의 산출에서 나온다. 시스템들은 다른 시스템들에 영향을 미치며 명확히 알 수 없는 방식으로 연결되어 있다.

모든 것을 시스템의 관점에서 볼 수 있다. 예를 들어, 부품 공장을 생각해 보자. 투입에는 노동자, 원자재, 고객의 주문, 기타 정보가 포함된다. 과정에는 부품 제조, 감독, 회계 등 공장 안에서 일어나는 모든 활동이 포함된다. 산출에는 회사가 다른 사람들에게 제공하는 제품, 서비스, 혜택이 포함된다. 피드백에는 품질 보증 데이터, 고객 만족도, 개선을 위한 제안이 포함된다. 환경에는 이 회사에 영향을 미치는 일반 경제와 부품 시장에서 일어나는 모든 일이 포함된다.

비영리 분야에도 일반 체계 이론을 적용할 수 있다. 실무진, 자원봉사자, 기증품, 서비스 대상자, 관련 정보를 포함하여 비영리 단체에 들어오는 자원은 투입에 해당한다. 서비스 대상자에게 봉사하고 단체를 유지하기 위해 조직 내에서 일어나는 모든 활동은 과정에 해당한다. 단체가 내놓는 결과는 산출로 해석할 수 있다. 여기에는 즉각적인 결과와 중간 결과, 최종 결과가 포함된다. 피드백에는 과정을 개선하거나 단체의 성과를 달성하는 데 필요한 정보가 모두 포함된다. 정보는 정기적인 모니터링 또는 직접 관찰을 통해 수집할 수 있다. 환경에는 조직에 영향을 끼치는 모든 외부 힘이 포함된다.

예를 들어, 소외된 지역에 있는 공립 초등학교에서 과외 수업을 한다고 치자. 투입에는 학생, 자원봉사 교사, 교과 교재, 이 모든 일을 실현할 자금이 포함된다. 활동(과정)에는 방과 후 학생들이 참여하는 과외 수업, 게임, 간식, 자습 시간에 일어나는 모든 일이 포함된다. 결과(산출)에는 학생의 학업 성취도와 학습에 대한 태도가 포함된다. 피드백에는 출석률, 학업 진척도, 졸업률, 그 밖의 유용한 데이터가 포함된다. 환경에는 학부모의 지원 수준, 법률상의 요구 조건, 지역의 정치 상황이 포함된다.

이사회는 비영리 단체에 속해 있되 실무진 위에 있다. 권한이 있는 이사회는 조직 위에 있되 여전히 조직과 연결되어 있다.

환경

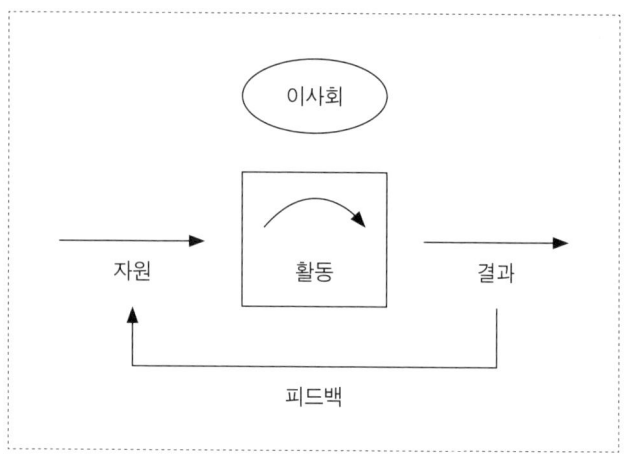

　이사회가 보기에 단체는 블랙박스와 같다. 자원이 들어가고 결과가 나오는 모습을 보긴 하지만, 조직 안에서 매일 이루어지는 모든 활동에 관한 자세한 정보는 가지고 있지 않다.

　시스템의 관점에서 보면, 어떤 이사회든 단체라는 블랙박스에서 일어나는 일을 처리하는 방법은 세 가지뿐이다. 블랙박스를 열고 결정을 내리든가, 블랙박스를 감독하고 정책을 세우든가, 블랙박스를 집어서 옮기든가.

　뚜껑을 열어서 안을 들여다보고 블랙박스 안에서 일어나는 활동이나 사업에 관해 결정을 내리고 싶어 한다면, 그 이사회는 관리형 이사회managing board다. 뚜껑을 닫아 둔 채 관리를 위임하고, 단체장과 실무진이 하지 말아야 할 행동에 관한 정책을 세우길 원한다면, 그 이사회는 협력형 이사회 governing board다. 단체의 임무나 서비스 대상, 서비스, 지형도를 바꾸고 싶어 한다면, 그 이사회는 블랙박스에 직접 조치를 취하고 지대한 영향을 끼쳐 블랙박스의 모양을 바꾸는 항해형 이사회 navigating board다.

 이 셋의 초점은 어떻게 다를까? 관리형 이사회는 의사 결정과 절차 개선에 초점을 맞춘다. 협력형 이사회는 단체의 성과와 이사회 정책에 초점을 맞춘다. 항해형 이사회는 새로운 기회를 활용하거나 지속 가능한 미래를 보장하기 위해 조직에 큰 변화를 일으키는 데 초점을 맞춘다.

 협력형 이사회가 관리형 이사회나 항해형 이사회보다 더 우월한 것은 아니다. 각 유형은, 특정 시점에 단체의 필요에 대한 적절한 대응이 될 수 있다. 동시에, 각 유형은 단체의 필요에 대한 잘못된 대응이 될 수도 있다.

 관리형 이사회는 블랙박스를 열어 운영에 관한 의사 결정에 개입한다. 그들은 단체장이 조직을 관리하도록 돕는다. 협력형 이사회는 블랙박스 위에서 일어나는 모든 일을 감독한다. 그들은 블랙박스 안에서 일어나는 일에 관여하지 않고 진행 중인 활동을 단체장에게 위임한다. 그들은 단체에 들어오는 자원과 단체가 내놓는 결과에 집중한다. 그들은 지금 들어오는 자원이면 조직 운영을 지속하기에 충분한지, 이 정도 자원을 들여 지금의 결과를 내는 게 과연 타당한지 묻는다. 항해형 이사회는 환경을 주시하고 단체나 단체의 사명에 중대한 변화가 필요하지는 않은지 판단한다.

예를 들어, 노숙자를 돌보는 소규모 단체가 개발 사업으로 고층 아파트와 사무실이 속속 들어서는 도시의 한 지역에서 쉼터를 운영한다고 가정해 보자. 그들이 돌보는 노숙자들은 현재 위치에서 멀리 옮겨 갔다. 시장은 도시에서 그만 떠나 달라고 노숙자 쉼터에 요구했다. 만약 제 발로 나가지 않으면 쫓겨날 가능성이 크다. 하지만 이 단체가 운영하는 쉼터는 온전히 단체 소유고, 이 부동산은 가치가 대단히 높다. 만약 건물을 매각한다면, 더 현대적인 시설을 지을 수 있고, 그러고도 순이익이 남을 것이다. 노숙자 쉼터 단체에게는 황금과 같은 기회다.

관리형 이사회는 새 쉼터 위치를 어디로 어떻게 정할지 적극적으로 관여할 것이다. 현 부동산의 감정가를 파악하고, 현 건물을 장기적으로 유지하는 데 드는 비용을 추산하고, 새 쉼터를 지을 수 있는 땅을 여러 곳 조사할 것이다. 이사회는 단체장과 함께 뜻을 모아 이러한 일들을 결정할 것이다.

협력형 이사회는 이전 필요성에 주목하고 향후 활동 대안을 깊이 생각할 것이다. 목적 정책을 재검토하고, 단체장에게 모든 대안을 조사하고 기존 건물을 개조하는 방안과 새로운 시설을 짓는 방안에 대한 제안서를 제출하라고 요청할 것이다. 이들은 해결책을 제시할 때 대중교통 접근성이나 초등학교와의 거리를 따져 보라는 등 기준을 정해 줄 수도 있다. 또는, 이 작업을 추진할 위원회를 만들고 단체장을 위원회 활동에 참여하게 할 수도 있다. 이사회는 이 과정을 거쳐 자기들이 제시한 기준에 가장 잘 맞고, 단체가 원하는 결과를 얻는 데 도움이 될 제안을 승인해 줄 것이다.

  항해형 이사회는 이전 필요성에 주목하고, 이전으로 인해 관련 환경에 새로 생길 변화는 없는지 검토할 것이다. 노숙자를 돌보는 다른 단체들을 살펴보고, 자기네 단체가 활동하기에 가장 적합한 위치가 어디인지 알아볼 것이다. 노숙의 양상이 변하고 있고, 현재 남성 노숙자를 위한 쉼터는 적절히 공급되고 있지만, 여성과 아동을 위한 쉼터가 부족하고 최근 이에 대한 필요성이 부상하고 있다는 점에 주목할 수도 있다. 이 유형의 이사회는 목적 정책과 서비스 대상을 바꾸고, 팔려고 내놓지는 않았으나 경영에 어려움을 겪는 호텔에 접촉해서 건물을 매입하고, 개조하고, 여성과 아동을 돌보는 방향으로 모든 프로그램을 개편할 수도 있다.

  또 다른 예로, 한때 활기를 띠다가 지금은 생존을 위해 씨름하고 있는 청소년 사역을 생각해 보자. 그들은 한물간 프로그램에 고등학생을 참여시키는 데 애를 먹고 있다. 요즘에는 신앙을 갖게 되는 십 대를 거의 보지 못하고 있다. 1970년대에는 그렇게 잘되던 일이 요즘에는 잘되지 않는다. 그들은 재능 있는 실무자와 자원봉사자를 유인할 능력을 잃었고, 후원자들은 노령화되고 있으며, 40년 전과 비교하면 사업 규모가 10분의 1로 줄었다. 문제 중 하나는 요즘 청소년이 그 어느 때보다 바쁘다는 점이다. 요즘 아이들은 휴대폰, 스포츠, 온라인게임을 하며 시간을 보낸다. 청소년부 단체들은 기술과 경쟁이 안 되고, 기술을 활용하는 법도 잘 알지 못한다. 또한, 그들은 사회가 점점 더 세속화되면서 청소년들이 복음에 저항하는 경향이 점점 더 강해지고 있다는 점을 깨닫고 있다. 이런 상황에서 이사회는 어떻게 대처해야 할까?

관리형 이사회는 세부 사항을 파고들어 자원봉사자를 더 많이 모집하고, 새로운 후원자를 확보하고, 모금 행사를 더 자주 열고, 청소년 사역의 브랜드를 개선할 방법을 모색할 것이다. 새로운 청소년 사역 방법을 연구할 수도 있다. 단체장과 힘을 합쳐 청소년 사역을 다시 잘 일궈 가는 것이 그들의 목표다.

협력형 이사회는 세부 사항을 파고들어 목적 정책을 다듬고, 단체장에게 더 나은 결과를 가져오라는 과제를 줄 것이다. 그들은, 혁신할 것은 혁신해서 성과를 낼 수 있도록 단체장에게 폭넓은 재량권을 줄 것이다. 기대 사항을 명확히 밝히고, 단체장을 지원하고, 성과를 감독하는 것이 그들의 목표다.

항해형 이사회는 주변 정황을 상세히 파고들어 더 큰 그림을 보고, 청소년 사역이 어떻게 변하고 있으며 청소년들은 또 어떻게 변하고 있는지 관찰할 것이다. 자기들이 고등학교에 다닐 때 겪었던 어려움을 이제는 중학교에 다니는 아이들이 겪고 있다는 사실을 깨달을지도 모른다. 고등부 사역을 포기하고 중학생에게 초점을 맞추어 사역을 새로 시작하는 중대한 변화를 꾀할 수도 있다. 또는 대학 입시를 준비하거나, 살아가는 데 필요한 기본 기술을 배우거나, 술 또는 전자담배와 같은 물질 남용에 대처하는 등 구체적인 문제에 직면한 학생들에게 필요한 도움을 주는 쪽으로 접근법을 완전히 바꿀 수도 있다. 백지 상태에서 시작해서 합리적인 선택지를 모두 고려하는 것이 그들의 접근법이다.

세 가지 유형의 이사회

그래서 이사회는 블랙박스를 다루는 방식에 따라 세 유형으로 나뉜다. 권한이 있는 이사회는 모두 이 세 유형 중 하나에서 파생한 것이다. 각 유형의 이사회에는 각기 다른 초점, 도구, 기술이 필요하다. 각 유형은 효과적으로 작동할 수도, 비효과적으로 작동할 수도 있다.

다른 기여 관리형 이사회는 조직의 운영과 효율성을 개선하고 싶어 한다. 협력형 이사회는 조직의 효과성과 전반적인 생산성을 개선하고 싶어 한다. 항해형 이사회는 새로운 기회를 포착하거나, 기존 시스템을 정비하거나, 주변 변화에 적응할 수 있게끔 조직을 혁신하고 싶어 한다.

다른 개입 관리형 이사회는 항상 운영에 개입한다. 그것이 관리형 이사회가 일하는 방식이다. 협력형 이사회는 운영에 관여하고 싶어 하지 않지만, 단체 운영에 위기가 닥치거나 실패하면 상황을 정상으로 되돌리기 위해 개입한다. 항해형 이사회는 중대한 변화를 일으키고 새로운 기준을 만들기 위해 개입한다.

다른 역량 관리형 이사회에는 재정, 인사, 법률 등 전문적인 기술을 갖춘 사람들이 필요하다. 또한, 대기업 중간 관리자든 소규모 자영업자든 경험 많은 관리자가 필요하다. 협력형 이사회에는 싸움에 휘말리지 않고, 운영에 관여하지 않고, 결과에 집중하는 사람들이 필요하다. 이들은 단체장에게 관리를 위임하고 운영상의 결정에 개입하지 않는 사람들이다. 항해형 이사회에는 해당 활동이나 사역 분야에 경험이 있는 사람, 은퇴한 단체장, 해당 분야에 대한 전문성을 갖춘 사람들이 필요하다.

다른 초점 관리형 이사회는 운영상의 결정을 내리고 단체의 발전을 위한 지침을 마련하는 데 초점을 맞춘다. 협력형 이사회는 전략적 방향을 설정하고 실무진이 넘지 말아야

	관리형 이사회	협력형 이사회	항해형 이사회
	경영 관리	정책 기반 거버넌스	변혁 거버넌스
효과적임	지도부 고위 간부 기량 절제된 대화 고위급 의사 결정 전술적 계획 슬기로운 위임	훈련된 이사진 사전 대책 강구 결과 지향적 목적 정책 명확한 제한 정책 합의를 위해 노력 한목소리 내기	돌파구 찾기 미래에 초점 맞추기 전략적 리더십 산출적 사고 성공으로 가는 길 학습 대담한 비전
	단체장에게 위임함	단체장에게 재량권을 줌	새로운 길을 개척함
	미시 관리	미시 거버넌스	현상 거버넌스
효과적이지 않음	개입하는 이사들 직접 해 보는 접근법 운영상의 의사 결정 세부 행정에 초점 현재 지향 단기 계획	정책에 집착하는 이사들 사후 대응 유려한 문장에 집착 너무 소극적이고 너무 느림 막연하거나 사라진 목적 정책 혼란스러운 제한 정책	기계적 안내 과거를 미화함 변화에 부정적 현재 상태 유지에 집중 제도화된 절차 우유부단
	단체장이 하는 사소한 일까지 챙김	과도한 정책으로 단체장의 손발을 묶음	평지풍파 일으키지 말자

ⓒ James C. Galvin, 2020.

할 경계선을 정하기 위해 정책을 수립하는 데 초점을 맞춘다. 항해형 이사회는 관련 환경이 어떻게 변하고 있는지에 초점을 맞춘다. 그들은 장기적 생존을 위해 새로운 기회에 대응하거나 단체의 사명, 목적, 서비스 이용자, 프로그램, 서비스를 조정하는 역할을 한다.

다른 수준 관리형 이사회는 과제, 프로젝트, 구체적인 책무를 단체장이나 특정 실무자에게 위임한다. 그리고 진행 상황을 적극적으로 추적한다. 협력형 이사회는 단체장에게 조직 운영을 위임한다. 업무 진행 방식이 우려되면, 운영에 지장을 주지 않기 위해 모두 부정문으로 쓴 제한 방침을 통해 우려를 표한다. 항해형 이사회는 이 일을 처리하기 위해 위원회를 구성하거나 최대한 적은 시간을 들여 거버넌스를 위임한다. 이사회가 조직을 대대적으로 변화시킬 예정이라면, 예산이 조금 부족하거나 정책 설명서가 완벽하지 않아도 상관없다.

다른 도구 각 이사회는 일할 때 사용하는 도구가 있다. 관리형 이사회는 단체 안내서에 수록될 운영 절차를 개발한다. 이 문서에는 해당 단체에서 일을 어떻게 수행해야 하는지가 나와 있다. 또한, 관리형 이사회는 예산 보고서를 관리 도구로 사용한다. 협력형 이사회는 이사회 정책을 수립하는 데 초점을 맞춘다. 이사회 정책 설명서에 수록된 정책들은 단체장과 실무진이 해야 할 일을 설명하기보다는 하지 말아야 할 일을 주로 다룬다. 또한 조직이 어떤 성과를 내기 위해 노력해야 하는지도 명시한다. 항해형 이사회는 단체가 지향해야 할 미래 모습에 초점을 맞춘다. 관련 환경에 중대한 변화가 발생한 것이 감지되면, 단체의 강점과 자산, 외부의 변화 양상을 평가한다. 이를 통해 지금 무엇이 필요하고 조직이 어떻게 변해야 하는지를 결정한다.

우리 단체에 적합한 이사회 유형은 무엇인가?

관리형 이사회, 협력형 이사회, 항해형 이사회는 모두 타당한 선택지다. 세 가지 모두 이사회가 기본 책임을 수행할 수 있게 한다. 보드소스BoardSource에서 출간한 이래 줄곧 베스트셀러 자리를 지키고 있는 책의 저자 로버트 잉그램 Robert T. Ingram은 비영리 이사회의 10가지 기본 책무를 이렇게 설명한다.

1. 사명과 목적을 정하라.
2. 최고 책임자를 선정하라.
3. 최고 책임자를 지원하고 평가하라.
4. 효과적인 계획을 수립하라.
5. 프로그램과 서비스를 모니터하고 강화하라.
6. 재정 자원을 적절히 확보하라.
7. 자산을 보호하고 재무를 감독하라.
8. 유능한 사람들로 이사회를 구성하라.

9. 법적·윤리적 결함이 없게 하라.

10. 단체의 공적 위상을 강화하라.

관리형 이사회, 협력형 이사회, 항해형 이사회는 모두 이러한 기본 책무를 수행하지만, 수행하는 방식은 각기 다르다.

무엇이 최선인지는 여러분 단체와 관련 환경에 달렸다. 전미자선통계센터NCCS에 따르면, 미국에 등록된 비영리 단체는 150만 개가 넘는다. 가장 흔한 유형은 관리형 이사회다. 이유는 간단하다. 많은 비영리 단체에 유급 인력이 없고, 그래서 관리를 위임할 수 없기 때문이다. 그다음으로 많은 유형은 협력형 이사회다. 존 카버John Carver를 비롯하여 많은 저자가 쓴 글 덕분에 정책 기반 거버넌스가 대중화되었다. 가장 덜 알려진 이사회가 항해형 이사회다. 램 차란Ram Charan, 리처드 채이트Richard Chait와 같은 저자들은 정책을 수립하고 업무 수행을 모니터하는 일 이상을 하는 이사회가 항해형 이사회라고 설명한다.

다음에 이어지는 세 장에서는, 자기 단체에 필요한 이사회를 고르는 법과 세 가지 유형 중에서 하나를 채택했을 때 효과성이 높은 이사회로 만드는 법을 자세히 설명할 것이다.

4장

관리형 이사회

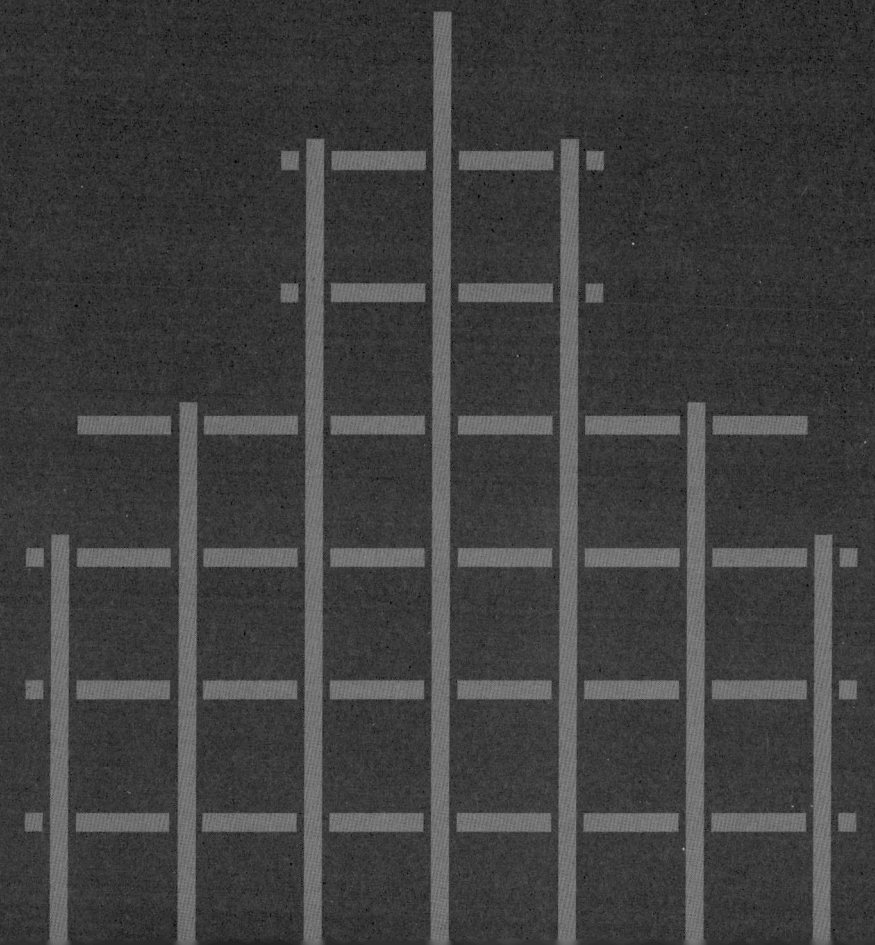

MAXIMIZING BOARD EFFECTIVENESS

정의 관리형 이사회는 조직을 감독하고, 조직을 어떻게 운영하며, 어떤 목표를 이룰 것인지 결정하는 데 집중하는 사람들의 모임이다. 이들은 중요한 결정은 직접 하고, 운영에 관한 사소한 결정은 단체장과 실무진에게 맡기는 경향이 있다. 조직을 블랙박스에 비유하자면, 관리형 이사회는 블랙박스를 감독하고, 뚜껑을 열어 안을 들여다보고, 그 조직이 활동하는 방식을 개선하고자 애쓴다. 그 과정은 효과적일 수도 있고 비효과적일 수도 있다.

이 유형의 이사회는 '일하는 이사회' 또는 '전통적인 이사회'라고 부르기도 한다. 일하는 이사회란, 조직에 유급 인력이 없어서 이사회가 결정을 내린 뒤 그 일을 모두 직접 해야 한다는 뜻이다. 전통적인 이사회란, 실무진은 있으나 정책 기반 거버넌스를 훈련하지 않은 이사회가 기능하는 방식을 가리키는 일반 용어다. 이들은 조직을 관리하기 위해 운영상의 결정과 운영 절차 개발에 직접 관여한다. 그리고 단체장이 제시한 제안과 요청을 투표를 통해 승인한다.

이사회 컨설턴트 중 많은 이가, 모든 비영리 이사회에 가장 적합한 거버넌스는 정책 기반 거버넌스라고 대놓고 가르치거나 넌지시 내비친다. 이러한 관점이 지닌 문제는 많은 비영리 이사회가 정책 기반 거버넌스를 구현하는 데 필요한 자원을 갖추고 있지 않다는 점이다. 조직이 자원봉사자를 중심으로 움직이고 유급 인력이 없다면, 그 조직의 이사회는 협력형 이사회의 역할을 할 수가 없다. 또한, 비영리 단체에 업무 관리 능력이 부족한 단체장이 있으면, 이사회는 안심하고 단체장에게 권한을 위임할 수가 없다. 이사회가 원하는 수준으로 조직을 관리할 수 있는 사람이 아무도 없으므로 이사회가 관리형 이사회 기능을 해야 한다. 이들 이사회는 정책 기반 거버넌스를 채택할 여력이 없다.

실무자가 아예 없거나 경험이 일천한 단체장만 있는 신생 단체라면, 이제 막 구성된 이사회는 십중팔구 관리형 이사회로서 일을 시작할 것이다. 주택 소유자 협회처럼 전문성을 갖춘 유급 외주 직원이 있는 조직이라면, 돈을 지출하거나 지역 사회를 변화시키는 일과 관련된 거의 모든 결정을 이사회가 내려야 할 것이다.

누구와 무엇이 관련되어 있는가?

관리형 이사회에는 관리 능력을 갖추어 이사로 활동하도록 선출되거나 영입된 사람들이 필요하다. 관리형 이사회는 문제를 해결하고 결정 내리는 것을 좋아하는 사람들과 잘 어울린다. 성과가 좋은 관리팀으로서 협력을 잘할 수 있는 사람들이 필요하다.

관리형 이사회에는 고위급 간부가 갖춰야 할 역량을 갖춘 이사들이 필요하다. 규모가 큰 여타 회사들과 마찬가지로, 비영리 단체의 관리형 이사회에도 운영, 재무, 인사, 마케팅 부문에 전문성을 갖춘 사람들이 필요하다. 비영리 단체에는 당연히 이 목록에 기금 모금에 관한 전문성이 추가된다. 이 유형의 이사회는 이사들을 새로 영입하기 위해 경험 많은 관리자나 행정가, 또는 변호사, 회계사, 재정 고문처럼 귀중한 전문 기술을 갖춘 사람들을 찾을 것이다.

관리형 이사회는 작더라도 자기 사업을 하거나 큰 회사에서 중간 관리자로 일하는 사람들을 찾을 것이다. 그들은 유능한 경영진들이 할 수 있는 것을 구현해 줄 사람들을 원한다. 효과성을 고려하여 일선에서 독립적으로 일하는 전문가나 관리자는 멀리할 것이다. 그들은 더 수준 높은 경영 안목과 경험을 갖춘 이사들을 원한다. 관리형 이사회가 사용하는 도구에는 조직의 연간 계획, 연간 예산, 회의록, 운영 지침서 등이 있다. 운영 지침서에는 이사회와 실무진이 유념해야 할 단체의 기본 운영 절차가 담겨 있다. 인사 정책은 이 안내서에 실리기도 하고, 실무진 안내서라는 별도의 책자에 실리기도 한다.

관리형 이사회의 목적은 무엇인가?

관리형 이사회는 단체의 주요 의사 결정 기구의 역할을 한다. 이사회는 단체장과 협업하면서 운영을 감독하고 재정을 관리한다. 관리형 이사회는 본질상 단체장을 감독한다. 그들은 집단으로 주요 결정을 내리고, 단체장이 들고 온 제안을 승인하거나 거부하고, 특정 책임 영역에 대한 권한을 위임하고, 일상적인 결정은 모두 단체장에게 위임한다.

유능한 단체장이 있으면, 이사회는 재정과 조직의 건전성을 주로 살피면서 운영에 관한 결정은 대부분 단체장에게 위임할 수 있다. 반대로 단체장이 서툴면, 연간 목표 설정이나 예산 책정, 실무자들 간 갈등 해결, 그 밖의 관리 영역 등 운영상의 틈을 메우기 위해 이사회가 직접 나서야 한다.

단체가 잘 관리되고 있는지 확인하는 것이 관리형 이사회의 목표다.

관리형 이사회는 어떻게 작동하는가?

관리형 이사회는 회의 때 운영상의 문제에 관여하고 '중대한 결정'은 직접 하는 경향이 있다. 훌륭한 관리팀이 되기 위해 예산 보고서를 자세히 검토하고, 조직이 겪고 있는 문제나 쟁점은 무엇이든 파고들며 개선안을 제시해서 그 조직에 이바지할 방법을 찾는다.

관리형 이사회는 매달 모이는 경향이 있지만, 더러는 분기별로 모이기도 한다. 이사회에 문서로 작성된 이사회 정책 설명서가 없으면, 그 이사회는 기본적으로 관리형 이사회처럼 행동하는 경향이 있다.

관리형 이사회는 이사들의 숫자를 기준으로 대, 중, 소로 구분할 수 있다. 소규모 이사회는 여느 관리팀과 비슷하게 작동하는 경향이 있다. 대규모 이사회는 상임위원회를 여럿 구성해 관리 업무를 세분화하는 경향이 있다. 재정, 인사, 자산, 장기 계획, 기금 모금 분야 등에 위원회를 둘 수 있다. 중규모와 대규모 이사회의 경우, 너무 많은 사람이 한 테이블에 둘러앉으면 생산적으로 심의를 진행하기가 어려워 통상 집행위원회도 둔다.

관리형 이사회가 가장 적합한 때는 언제인가?

조직에 단체장이 없거나, 단체장이 있더라도 비상근이거나, 단체장이 서툴거나, 혹은 단체 운영을 적절히 감독할 수 있는 사람이 아무도 없다면, 세 가지 유형 중 관리형 이사회가 가장 좋은 대안이다.

지금까지 신생 비영리 단체는 대부분 관리자 역할을 하는 이사회로 시작했다. 이사들은 보통 신생 단체를 성공시키고 사명을 이루려는 열정이 가득하다. 그들은 자기네 조직이 비영리 단체로서 잘 출발할 수 있도록 돕고 싶어 한다. 그러다 불과 몇 년 후, 단체가 자리를 잡아 가면 관리형 이사회에서 협력형 이사회로 전환해야 한다는 사실을 깨닫는다.

소규모 비영리 단체는 대부분 관리형 이사회가 있을 때 가장 잘 굴러간다. 적임자를 찾으려고 애쓰겠지만, 대개 그들이 구할 수 있는 단체장은 일에 대한 열정은 넘치나 비영리 단체를 관리하는 데 필요한 모든 기술은 갖추고 있지 못한 사람뿐이다. 보통, 비영리 단체는 필요한 전문성을 모두 갖춘 인력을 고용해 팀을 꾸릴 여력이 없다. 그러므로 이사회는 필요한 경우 단체장을 지원하고 관여해야 한다. 이는 소규모 조직에 공통적으로 적용된다. 규모가 큰 조직은 약점을 보완하기 위해 취약한 분야에 실무자를 추가로 고용할 여력이 있다.

일반적으로, 단체장이 비영리 단체를 떠나거나 은퇴할 때 이사회는 그 조직 내에서 후임자를 물색한다. 그래야 신임 단체장이 조직의 문화를 이해하고 활동에 대해 잘 알 테니 말이다. 그러나 단체장으로 승진한 인물이 사명에 대한 열정은 있되 필요한 기술은 모두 갖추고 있지 못한 경우가 종종 있다. 비영리 단체에서 일하는 유급 직원들은 대부분 그 단체가 하는 활동, 대의, 사명 때문에 합류한 사람들이다.

예를 들어, 청년 십여 명을 실무자로 고용한 청소년 지원 단체가 새로운 단체장을 구한다고 가정해 보자. 간혹 이사회에서 기존 실무자 중 한 명에게 그 자리를 제안할 때가 있다. 하지만 그 실무자는 단체장 직 맡는 것을 꺼릴 수 있다. 그가 비영리 단체에 합류한 이유는 청년들과 함께 일하기 위해서였지, 이사회나 후원자들과 협업하기 위해서도, 다른 실무자들을 감독하기 위해서도 아니었기 때문이다. 동료들에게 존경받는 젊은 실무자 중 한 명이 단체장이라는 새로운 직책을 수락하기로 했다고 치자. 그가 단체장 역할을 잘 수행할 만큼 성장하려면 시간이 필요하다. 이사회의 추가 지원이 필요할 것이다. 이런 상황에서는 이사회가 특정 영역에 개입하여 신임 단체장을 지원해야 한다. 신임 단체장은 이사회 또는 조직의 외부 사람에게 지도를 받을 필요가 있다.

활동이 부진하거나 재정 문제로 난관에 부닥친 비영리 단체에도 관리형 이사회가 유용하다. 지도부가 서툰 까닭에 궤도에서 이탈한 단체는, 기본으로 돌아가거나 성과를 못 내는 이를 내보내거나 기본 원칙에 집중하거나 후원자 기반을 재건해야 한다. 그러나 경쟁자가 새로 생겼거나 관련 환경이 크게 바뀌어서 뒤처진 경우라면, 기본으로 돌아가는 것만으로는 조직을 구할 수 없다.

비영리 단체에 고도로 숙련되고 경험이 풍부한 단체장이 있거나 단체의 규모가 크고 복잡한 경우에는, 관리형 이사회가 적합하지 않다. 예를 들어, 지역 병원은 복잡한 조직인데, 대개 주변 지역 사회에서 이사들을 발탁한다. 이사들의 유일한 자격 요건이 의사에게 진료를 받아 본 적이 있다는 것뿐일 때도 있다. 크고 복잡한 조직은 거버넌스 중심으로 운영하고 조직 관리는 전문 실무진에게 위임하는 이사회가 필요하다.

어떨 때 효과적인가?

효과성이 높은 관리형 이사회는, 본의 아니게 조직의 상황을 악화시키는 일을 방지하려고 회의할 때 블랙박스 뚜

껍을 조심스럽게 열 것이다. 질문을 던지되 불필요한 개입을 피할 것이다. 일이 터진 다음에 수습하는 결정을 내리기보다는 미리 대책을 세우는 결정을 내리고자 힘쓸 것이다.

관리형 이사회는 대규모 비영리 단체나 기업의 고위 경영진과 비슷한 역할을 하는 게 이상적이다. 그들은 한 팀으로서 중요한 결정을 함께 내린다. 그리고 단체가 활동하는 과정보다는 단체가 내는 성과에 초점을 맞추고 싶어 한다. 관리형 이사회는 슬기롭게 단체장에게 책임을 위임하고 사소한 부분까지 직접 개입하는 우를 범하지 않으려 한다.

단체장에게 책임을 위임할 때는 (1) 위임의 배경, (2) 원하는 최종 결과, (3) 구체적인 과제 또는 프로젝트, (4) 성과 측정 방식, (5) 의사 결정 권한의 수준, (6) 이사회가 제공할 지원, (7) 이사회에 보고하는 방식을 명확하게 설명해야 한다.

예를 들어, 새로운 후원자를 모으기 위해, 이전에 단체장이 한 번도 기획해 본 적 없는 특별 연회를 관리형 이사회가 개최하기로 했다고 가정해 보자. 이사회는 직접 연회를 준비할 생각이 없고, 단체장이 그 일을 맡아야 한다고 생각한다. 이때 이사회는 단체장에게 연회 준비하는 법을 일일이 알려 주는 대신, 다음과 같이 슬기롭게 책임을 위임할 수 있다. (1) 단체의 후원자 기반이 고령화되고 있고 소식지 수신자 명단이 갈수록 줄어들고 있다는 점을 지적한다. (2) 연회를 잘 치르면 단체의 활동을 지원하고 싶어 하는 새로운 후원자들이 생길 것이라고 설명한다. (3) 단체장에게 새 연회를 기획하고 준비하라고 요청한다. (4) 참석 인원 200명 이상, 기부금 1만 달러 이상, 신규 후원 약정 100건 이상 등의 목표를 설정한다. (5) 행사 준비에 쓸 수 있는 예산은 1만 달러이고, 연회 날짜와 세부 프로그램을 정하고 장소를 빌리는 것은 모두 단체장의 권한이라고 설명한다. (6) 연회와 관련해 어떤 부분에서든 이사들에게 요청하면 개별적으로 피드백이나 조언을 해 줄 것이고, 행사 때는 이사들이 기꺼이 자원봉사자로 참여할 것이라고 단체장에게 알린다. (7) 지금부터 행사가 열릴 때까지 2주 동안 진행 상황을 이메일로 짤막하게 보고하라고 요청한다. 그러고 나서, 이사회는 그저 방해만 안 되면 된다.

    때로는 이사회가 직접 발 벗고 나서야 한다. 예를 들어, 단체장이 일상적인 단체 운영에만 초점을 맞추고 장기 기획을 어려워하는 사람이라면, 관리형 이사회가 전략적 사고로 단체장을 지원하고 나아가 연간 목표를 세우는 일까지 도와야 할 것이다. 일부 비영리 단체에서는, 이사회가 그 일을 하지 않으면 결국 누구도 하지 않을 수 있다.

    중간 규모의 교회에 목사가 포함된 이사회가 하나 있다고 가정해 보자. 이 목사는 성품이 따뜻하고 상담가로서는 아주 뛰어나지만, 통솔력이 부족하고 관리나 행정에는 재능이 없는 사람이다. 그가 수입과 지출의 균형을 맞추지 못하는 사람이라고 치자. 업무 관리자를 고용하거나 목사를 새로 청빙하지 않는 한, 이사회는 블랙박스를 열고 리더십 공백을 메울 수밖에 없다. 효과성이 높은 이사회라면, 목사를 정기적으로 만나 예산 보고서를 꼼꼼히 모니터하고 목회 목표를 달성할 방안을 논의하되, 목사에게 일하는 방법을 알려 주는 데까지 나아가지는 않을 것이다. 모든 이사회 회의에서는 중간 관리자와 전문가들을 힘든 상황에 빠뜨릴 유혹적인 상황이 펼쳐질 수 있다.

    효과적인 관리형 이사회는 매달 회의를 하려는 경향이 있다. 일반적으로, 일 년에 10번 이상 회의를 열도록 내규에 명시되어 있다. 회의는 월별 예산 보고서가 올라오는 때에 맞춰 열릴 것이다. 예산이 관리 도구인 셈이다. 이사회는 이 도구를 사용해 조직의 재정 상태를 파악하는 한편, 세부 사항에 집착하지 않으려 할 것이다. 변동률이 100퍼센트가 넘는 몇몇 항목보다는, 수입 감소 추세나 위험할 정도로 낮은 현금 보유고가 훨씬 더 중요하다.

    이사회는 가능한 한 관리자의 역할을 유지하기 위해 표준 운영 절차를 개발하고 운영 지침서를 작성하여 이사회의 결정과 우려를 담고 싶어 할 것이다. 간단한 예로, 정규 근무 시간 결정을 들 수 있다. 이를 통해 관리형 이사회는 블랙박스 내부에 개입하거나 운영상의 사소한 문제를 결정해 달라고 요청받는 횟수를 줄일 수 있다.

관리형 이사회는 효과적으로 작동할 수도 있고 비효과적으로 작동할 수도 있다.

어떨 때 비효과적인가?

관리형 이사회가 사소한 부분까지 직접 챙기는 경우, 거의 항상 비효과적이다. 사실 사소한 것까지 일일이 챙기는 관리자보다 더 나쁜 사례는 그런 관리자들이 모여 이사회 역할을 하는 경우뿐이다. 관리형 이사회가 비효과적인 관행을 막지 못하는 이유는 뭘까? 사소한 부분까지 챙기는 게 쉽고 재미있기 때문이다! 협력형 이사회도 선을 넘어 운영에 관한 세부 사항을 꼬치꼬치 묻는 경향이 있다. 그러나 적어도 협력형 이사회는 스스로 견제하기 위해 정책을 문서로 작성한다. 그런데 관리형 이사회는 명확한 경계선이 없다. 정의상, 관리형 이사회는 단체장과 함께하든, 단체장보다 높은 권한을 갖고 단독으로 하든, 조직을 실제로 관리한다.

블랙박스를 열고 지나치게 전술적인 자세를 취하는 이사회는, 더 크고 전략상 더 중요한 사안을 놓칠 가능성이 높다. 효과성이 낮은 이사회는 일반적으로 관련 환경이 어떻게 변화하고 있는지 논의하지 않는다. 이용자나 회원, 후원자가 어떻게 바뀌고 있는지 궁금해하지 않는다. 블랙박스 안을 들여다보면서 떨어진 수치를 다시 끌어올릴 방법만 논의한다.

가치관이나 접근법이 다른 중간 관리자 그룹과 함께 조직을 운영하려고 애쓸 때 관리형 이사회는 또 다른 난관에 부닥친다. 예를 들어, 비영리 단체는 청구서를 받고 30일 안에 대금을 지급해야 할까? 아니면 60일이나 90일 안에만 지급하면 될까? 이사회가 실무자 전원을 대상으로 연례 성과 평가를 해야 할까? 이사회가 운영에 깊이 파고들면 파고들수록, 일을 어떻게 처리해야 하는지에 관한 이사들 간의 의견 차이가 더 확연히 드러난다.

규모가 너무 큰 관리형 이사회는 급속히 역기능을 낳는다. 규모가 큰 이사회는 이틀간의 회의에서 아무 말도 하지 않는 이사가 거의 없는 게 보통이다. 많은 이사회가 위원회 체계를 활용하는 이유 중 하나가 여기에 있다. 위원회를 활용하면 조직 관리 작업이 분산되고, 소규모 집단이 결정을 내릴 수 있다.

위원회를 활용할 때, 위원회에서 제기된 제안과 결정을 이사진 전체가 다시 다루지 않도록 해야 한다. 새로 설립한 한 교회에서는, 소규모 위원회가 '고속도로 인근에 설치할 불이 들어오는 표지판 구매' 건을 조사하고 제청하는 임무를 맡았다. 그 위원회는 작업을 수행했고 디자인을 정해 보고서를 올렸다. 그러자 전체 이사회에서 다른 대안들도 살펴보자고 요구했다. 이사회는 대규모로 모여 찬반에 대해 광범위하게 토의했고, 결국은 위원회와 같은 결론을 내렸다. 5분이면 충분했을 일이 45분이나 걸렸다.

집행위원회는 대규모 이사회가 역기능을 낳지 않도록 막는 또 하나의 방안이다. 집행위원회는 대규모 이사회의 회의 안건을 정하고, 때로는 전체 이사회의 권한을 가져가기도 한다. 집행위원회가 윤리적으로 활동하고 있다고 해도, 일부 이사가 비즈니스석에 앉아 하늘을 나는 동안 나머지 이사들은 이코노미석에 앉아 있는 듯한 기분을 느낄 수도 있다.

또한 관리형 이사회는 한 달에 하루 모여서 조직을 관리하려고 애쓰는 게 효과가 있을지 불안해한다. 그들은 필요한 정보를 전부 갖고 있지 않기 때문에, 질문에 답할 핵심 실무자를 한 명 이상 불러 달라고 요청하곤 한다. 그리하여 사실상 그들을 도와 조직을 관리한다. 이런 관행은 이사회가 실무진에게 책임을 묻기 어렵게 할 뿐 아니라, 단체의 성과에 대해 솔직하게 이야기하기 어렵게 만든다.

일부 관리형 이사회는 일 년에 네 번, 분기별로 모이거나 그보다 적게 모인다. 그러면 효과적으로 관리하기가 더욱더 어려워진다. 문제가 발생해도 이사회가 행동에 나서기 전까지 서너 달 동안 상황이 심각해질 수 있다. 관리형 이사회가 기업 경영진 수준을 유지할 수 있다면, 효과가 있을 수 있다.

그러나 분기에 한 번 만나는 것으로, 혼란을 일으키지 않고 사소한 부분까지 챙길 수 있는 이사회는 어디에도 없다. 일부 단체장은 간섭을 덜 받으려고 일부러 이사회에 알리지 않고 묻어 두기도 한다.

대다수 관리형 이사회는 이러한 결정이나 그 아래 깔린 원칙을 운영 지침서에 명시하지 않고 조직의 중요한 결정을 돕는 전율을 즐긴다. 표준 운영 절차를 문서로 정리하면 조직에 유용하게 쓰인다. 하지만 업무 처리 방법을 단체장이나 실무자에게 말로 전달하면 도움이 되지 않는다.

효과성이 낮은 관리형 이사회는 우스꽝스러운 일화를 많이 만들어 낸다. 한 예로, 작은 교회에서 청소년과 노인들이 사용하는 승합차를 교체할 필요가 있다는 결정을 내렸다. 이사 한 명이 임대 기간이 끝나서 좋은 가격에 나온 흰색 승합차를 발견하고 교회에 구매를 제안했다. 그런데 다른 이사가 승합차에 자동 개폐 창이 달려 있다며 반대했다. 교회에서 쓸 승합차에 그런 고급 기능은 필요 없다는 것이 그의 주장이었다. 다른 이사들은 어차피 중고차라서 그 기능이 있다고 해서 추가로 돈을 더 내는 것은 아니라고 응수했다. 그러나 그 이사는 이사회가 훌륭한 청지기로서 맡은 돈을 잘 관리하고 있다는 사실을 보여 주기 위해 다른 승합차를 찾아야 한다고 고집을 부렸다.

단체장은 관리형 이사회와 어떻게 일해야 하는가?

단체장은 관리형 이사회와 일할 때 답답할 수 있다. 가장 좋은 방법은 이사회와 협력하는 것이다. 이사회가 단체장을 최고 경영진의 일원으로 보게 하라. 함께 현명한 결정을 내릴 수 있도록 관련 정보를 이사회에 계속 알려라.

정책 기반 이사회와 함께 일하면 목적과 수단, 거버넌스와 단체 운영, 이사회 업무와 실무진 업무를 명확히 구분할 수 있다. 그러나 관리형 이사회는 그 선이 명확하지 않다. 효과성이 높은 이사회와 현명한 단체장은, 이사회가 직접 결정하고 싶어 하는 '굵직한' 결정과 위임하고 싶어 하는 '일상적인' 결정 사이에 선을 긋기 위해 애쓸 것이다. 누군가는 어딘가에 선을 그어야 한다. 누가 어떤 결정을 내리는지 목록을 만들면 선을 명확히 긋는 데 도움이 된다.

관리형 이사회의 이사들은 잡초 속으로 들어가 운영의 사소한 부분까지 일일이 챙기고 싶은 유혹을 종종 느낀다. 만약 이사회가 사소한 부분까지 하나하나 챙기려고 들면, 단체장은 현 상황을 실무진과 함께 대처해 나가겠노라고 이사회에 제안할 수 있다. 이사장이나 임명받은 다른 이사가 논의 수준을 모니터하고, 이사회가 더 수준 높은 관리 활동에 집중하게끔 유도할 수도 있다.

조직 안내서에 운영 절차를 명시하면, 관리형 이사회가

비슷한 사안에 대해 처음부터 다시 결정을 내리지 않아도 된다. 긍정적 또는 부정적으로 기술할 수 있다는 점을 제외하면, 규제 정책과 비슷하다.

이사장은 관리형 이사회를 어떻게 이끌어야 하는가?

이런 유형의 이사회에서 이사장의 역할을 하기란 쉽지 않다. 이사회가 사소한 부분에 관여하지 않도록 돕는 게 이사장이 해야 할 주요 업무다. 이사장은 거시 관리와 미시 관리의 차이를 명확히 설명해야 한다. 이는 쉽지 않은 일이고, 많은 이사회가 정책 기반 거버넌스로 옮겨 가길 열망하는 이유이기도 하다. 이사장은 고위 경영진 회의처럼 회의를 진행해야 한다. 결과에 초점을 맞추고 미래를 내다보아야 한다. 단체장이나 다른 실무자에게 일을 이러저러하게 진행하라고 지시하는 식으로 말하지 말고, 전략적이고 전술적인 차원에서 대화가 오가게 해야 한다.

또한 팀워크에 중점을 두어야 한다. 이사회는 이사 개개인이 아니라 한 팀으로서 조직을 관리한다. 이사회는 한 팀으로서 중요한 결정을 내리고 계획을 수립한다. 이사장은 단체장을 회의에 참여시켜서 그와 함께 조직을 관리해야 한다. 진행 상황을 모니터하거나 예산을 심의하거나 문제를 해결할 때, 이사들 개개인은 재빨리 정보를 검색하고 근본 원인을 찾으려 애쓰고 시정 조치를 제안한다. 문제는, 이런 행동이 단체장이나 실무진의 상황을 더 악화시킬 수 있다는 점이다. 따라서 이사장은 이사회가 결정할 사안과 실무진이 결정할 사안 사이에 선을 그어야 한다. 문제를 파악했다고 해서 이사회가 해법을 찾을 필요는 없다. 단체장에게 다음 회의 때까지 문제를 해결할 방안을 찾아오라고 요청하면 된다. 그러나 단체장은 특별히 민감한 어떤 상황을 뚫고 나갈 방법을 고민할 때 때때로 도움을 받고 싶어 할 것이다.

그러니 당신이 이사장이라면 관리형 이사회가 목표를 세우고 진행 상황을 추적하고 문제를 해결하도록 돕는 의제를 개발하라. 이사회가 문제를 만들지 않게 하라. 굵직한 결정에 집중하고, 자잘한 결정과 절차는 실무진이 결정하게 놔두라. 정보를 충분히 요구하고 중요한 결정을 미루지 않는 의사 결정 문화를 조성하라. 이사들 개개인의 의견이 아니라 전체 이사회의 조치를 명확히 설명하는 결정 사항을 회의록에 기록하라. 가능하면 이러한 결정을 표준 운영 절차로 바꾸어 운영 지침서에 써넣어라.

관리형 이사회의 회의를 주재하고, 사소한 부분까지 일일이 챙기려는 이사들을 단속하고, 본의 아니게 문제를 악화시키며 역기능을 낳는 이사회와 씨름하다 보면, 협력형 이사회가 꽤 매력적으로 보인다.

5장

협력형 이사회

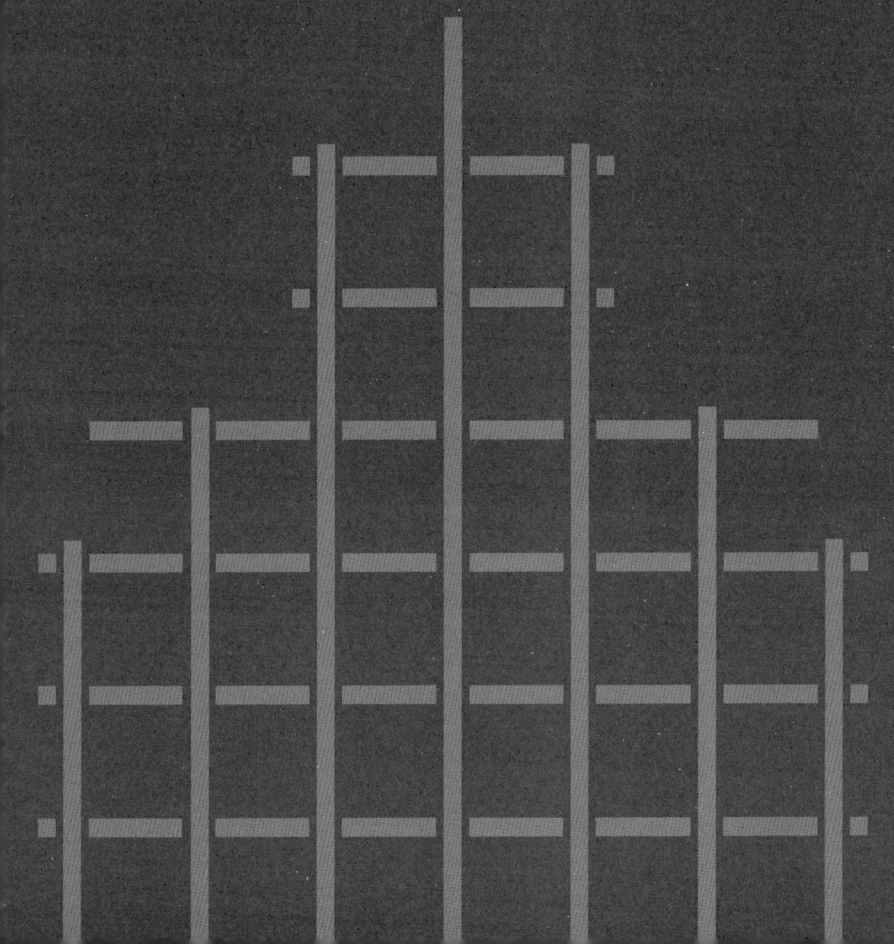

MAXIMIZING BOARD EFFECTIVENESS

95 **정의** 협력형 이사회는 조직을 감독하고 조직에 들어오는 자원과 조직이 내놓는 결과에 집중하는 사람들의 모임이다. 운영상의 결정을 내리기보다는, 조직이 이루어야 할 바람직한 결과와 실무자로서 피해야 할 행동을 설명하는 이사회 정책을 개발한다. 조직을 블랙박스에 비유하자면, 협력형 이사회는 블랙박스 뚜껑을 열지 않고, 단체장에게 운영 권한을 위임하고, 특정 결정이나 행동을 금지하는 정책을 작성하여 블랙박스 안에서 벌어지는 일을 규제한다. 협력형 이사회는 효과적으로 굴러갈 수도 있고 비효과적으로 굴러갈 수도 있다.

관리형 이사회는 조직을 관리하지만, 협력형 이사회는

관리를 위임하고 거버넌스에 집중한다. 협력형 이사회는 조직이 존재하는 이유를 규정하고, 단체장에게 자율권을 주는 동시에 책임을 지우는 정책을 개발하는 역할을 한다. 단체장과 실무진이 이사들보다 조직 관리하는 법을 더 잘 알고 있을 때는 협력형 이사회가 꼭 필요하다.

이사회는 블랙박스를 열고 운영에 손을 대다가 본의 아니게 조직의 문제를 악화시킬 수 있다. 예를 들어, 이사회가 핵심 실무자 전체를 대상으로 연례 성과 평가를 하고자 한다면, 실무자 개개인의 활동을 관찰하지 않는 한 건전한 평가를 할 수 없다. 예배 참석에 관한 연간 목표를 세우고 싶어 하는 교회 이사회는 그것이 잘못된 평가 척도라는 사실을 깨닫지 못할 수도 있다. 협력형 이사회에 가깝게 이사회를 운영하면서 조직 관리에 관여하지 않는다면, 많은 이사회가 지금보다 더 조직에 이바지할 수 있을 것이다.

실제로 많은 조직이 정책 기반 거버넌스로 전환하려고 시도했지만, 결과는 그리 좋지 못했다. 대개는 서투른 솜씨로 실행을 망쳤기 때문이다. 이사회가 손 놓고 앉아서 조직의 건강 및 성과를 모니터하는 일을 중단하는 것이 첫 번째 실수다. 두 번째 실수는 이사회 정책조차 작성하지 않고 섣불리 전환하는 것이다. 정책을 문서로 정리하지도 않고 정책 기반 거버넌스로 전환하는 건 거의 불가능한데도, 어설프게 시도하는 비영리 단체를 많이 보았다.

누구와 무엇이 관련되어 있는가?

협력형 이사회에는 관리에 관여하지 않고 거버넌스에 집중하고 싶어 하는 사람들이 필요하다. 협력형 이사회에는 전략적으로 사고할 수 있고, 미래에 초점을 맞추고, 활동에 대한 열정이 강하고, 정책을 개발해서 문서로 정리할 의지가 있고, 협동 작업을 잘하는 이사들이 필요하다.

이는 관리형 이사회에 바람직한 자질과는 전혀 다른 자질이다. 회계사 두 명, 변호사 두 명, 기타 여러 유형의 전문가 각각 두 명으로 구성된 협력형 이사회를 흔히 '노아의 방주' 이사회라고 부른다. 관리형 이사회에서는 쓸모가 있던 자질이 협력형 이사회에서는 골칫거리가 된다. 규모가 큰 비영리 단체는 최고 재무 책임자와 마케팅 전문가를 직원으로 고용하기도 한다. 인사 정책을 세우는 데 도움이 필요하면, 인사 컨설턴트를 고용하면 된다. 법률 자문이 필요하면 변호사를 고용하면 된다. 협력형 이사회는 조직 관리를 도울 수 있는 사람들로 이사회를 꾸릴 필요가 없다.

규모가 크고 잘 성장한 비영리 단체에는, 단체가 존재하는 이유를 규정하고, 실무진의 행동을 제한하며, 모든 운영을 단체장에게 위임한 뒤 그에 대한 책임을 묻고, 단체의 지속 가능성과 성과를 개괄적으로 감독할 수 있는 이사회가 필요하다.

협력형 이사회에는 정책 설명서에 일목요연하게 정리된 이사회 정책이 필요하다. 흔히 '단체 정책' 또는 '운영 절차'라고 불리는 것을 가리키는 게 아니다. 이사회 정책은 블랙박스 위나 밖, 즉 지도부에서 작성한다. 블랙박스 안에서 일이 어떻게 진행되는지를 다룬 문서는 표준 운영 절차라고 부르는 것이 좋다. 표준 운영 절차는 단체장과 실무진이 운영 지침서에 기록한 것이다.

만약 이사회가 존 카버가 개발한 접근법을 따른다면, 네 가지 종류의 이사회 정책, 즉 '단체의 목적, 운영진 제한 정책, 이사회-관리 위임, 거버넌스 과정'을 마련할 것이다.

이사회 정책 설명서의 첫 번째 항목인 '단체의 목적'에서는 단체가 존재하는 이유를 설명한다. 이는 블랙박스에 들어오는 자원과 블랙박스에서 내놓는 결과와 관련이 있다. 어떤 비영리 단체든 여기서 말하는 결과는, 블랙박스 안에서 얼마나 많은 일이 일어나는가가 아니라 사람들의 삶이 얼마나 바뀌었는가를 의미한다.

이사회 정책 설명서의 두 번째 항목에는 '제한 정책'이 실린다. 블랙박스 운영에 거리를 두고 싶어 하는 이사회라면, 그 안에서 무슨 일이 벌어지는지 염려될 것이다. 재정 상태는 건전한지, 시설 유지와 관리는 잘 되고 있는지, 이용자를 윤리적으로 대하고 있는지 걱정될 수 있다. 이럴 때 협력형 이사회는 제대로 갖춰지지 않은 운영 절차를 개선하려고 애쓰기보다는 블랙박스 안에서 허용되지 않는 행동에 대해 한계를 정할 수 있다. 그래서 이 항목의 이사회 정책은 부정문으로 작성한다. 예를 들면, 예산이 편성되지 않은 건에 대해 단체장이 이사회 승인 없이 5,000달러 이상 지출할 수 없다고 명시할 수 있다.

이사회 정책 설명서의 세 번째 항목은 '이사회와 단체장의 관계'를 설명한다. 협력형 이사회는 관리 및 운영에 관한 모든 결정을 단체장에게 위임한다. 따라서 단체장이 조직을 관리한다. 대신, 이사회는 단체장에게 책임을 물을 수 있고, 단체장은 이사회가 요구하는 방식으로 이사회에 정기적으로 보고해야 한다. 이사회는 운영상의 결정에 관여하지 않고 단체가 내놓는 결과에 초점을 맞추어 단체를 감독한다.

이사회 정책 설명서의 마지막 항목은 이사회가 '업무를 수행하는 방식'을 설명한다. 이사 개개인에게 무엇을 기대하는지, 한 집단으로서 이사회가 어떤 역할을 하는지, 이사회 회의에서 일어나는 모든 일 등이 여기에 포함된다.

이사회는 존 카버가 고안한 각 항목의 명칭이나 다른 대안을 사용할 수 있다. 이사회 정책 설명서에 각 항목의 순서를 바꾸어 실어도 된다. 여타 단체의 문서가 포함된 부록을 추가할 수도 있다. 핵심은, 이사회가 최소한 이 네 개 항목으로 정책 설명서를 작성해야 하고 각 항목은 포괄적이라는 점이다.

이사회 정책 설명서의 네 항목은 풋볼 경기장 도표와 비교할 수 있다. 목적에 관한 정책은 엔드 존(end zone: 경기장 양 끝의 골라인과 엔드 라인 사이의 구역으로 여기에 공을 가지고 들어가면 터치다운이 됨-옮긴이)과 같다. 이는 단체가 점수를 얻는 방식이다. 제한 정책은 경계선과 같다. 우리는 단체장과 실무진이 경계선을 넘지 않기를 바란다.

이사회는 이 두 가지 정책 항목으로 단체를 통제한다. 단체장과 실무진이 정책을 실천에 옮기면, 단체는 올바른 방향으로 갈 것이고 이사회가 금지한 행동을 피할 것이다.

이사회는 목적과 한계를 명확히 밝힌 뒤, 경계선을 넘지 않는 선에서 엔드 존을 향해 진행 중인 운영상의 모든 결정은 이사회 사전 승인이 자동으로 이루어진 것이라고 단체장에게 알린다. 이는 단체장과 실무진에게 자율권을 부여하는 것이다. 단체장과 실무진은 이사회가 운영상의 결정을 승인할지 거부할지 걱정하지 않고 자신 있게 일을 추진할 수 있다.

정책 명칭	개요
단체의 목적	이 정책 항목은 단체의 목적 또는 목표를 설명한다. 목적 정책은 단체가 달성해야 할 결과, 수혜 대상, 결과를 내는 데 드는 비용을 설명한다. 수단이나 방법, 활동, 구체적인 프로그램은 이 정책에서 다루지 않는다. 이 항목에 포함된

	모든 정책은 결과나 서비스 이용자, 비용을 설명해야 한다. 목적 정책에는 단체가 앞으로 어떤 목적을 이루려고 애써야 하는지를 정하는 이사회의 끝없는 노력이 반영된다.
운영진 제한 사항	이 정책 항목은 실무진에 대한 기대, 즉 단체장과 실무자들이 해도 되는 행동과 하지 말아야 할 행동을 다룬다. 한마디로, 경계선을 규정한다. 어떤 행동과 방법, 관행은 허용되고 어떤 행동은 허용되지 않는지를 알린다. 이 정책에서 제한하지 않는 한, 여타의 합리적인 행동은 모두 허용된 것으로 간주한다. 이러한 접근법은 실무진에게 자율권을 부여하여 이사회가 새로운 계획을 하나하나 승인할 때까지 활동을 보류할 필요가 없게 해 준다. 또한, 이사회가 책임지고 일상적인 운영과 관련된 세부 사항에 관여하는 행동을 최소화하게 해 준다. 이 정책은 실무진 전체가 아니라 단체장에게 적용된다. 단체장은 모든 실무진의 행동이 이 정책이 정한 경계선을 넘지 않도록 책임져야 한다.
이사회와 단체장의 관계	이 정책 항목은 이사회와 단체장이 어떤 관계인지를 설명한다. 일반적으로, 이사회는 한목소리를 내고, 모든 이사회 권한은 단체장을 통해 위임된다. 이 말은 단체장이 이사 개개인이나 단체의 임원, 이사회 산하 위원회가 아니라 전체 이사회에 보고한다는 뜻이다. 또한, 이 말은 이사회가 단체장과만 협업하고, 실무진이나 자원봉사자에게는 업무를 지시하지 않는다는 뜻이다.
거버넌스 과정	이 정책 항목은 이사 개개인과 전체 이사회의 행동 기준을 설명한다. 또한 이사회를 운영하는 방식을 설명한다. 이사회의 지휘 방식, 이사장의 역할, 이사의 행동, 이사의 책임, 위원회의 용도를 명확히 밝힌다. 이 정책에 명시하지 않은 절차상의 문제가 발생하면, 이사장은 이사회 절차를 안내해야 한다. 이사회는 이해 당사자를 대표하고 섬긴다.

한편, 경기장 도표에서 이사회는 스위트룸 좌석에 앉아 있다. 좌석이 높아서 경기장에서 일어나는 일을 전부 볼 수 있다. 스위트룸 좌석에 앉은 사람은 함성 금지, 욕설 금지 등 지켜야 할 규칙이 몇 가지 있다. 이러한 규칙은 이사로서 일을 어떻게 해야 하는지 보여 주는 이사회 절차 정책과 같다.

스위트룸 좌석 한쪽에는 코치가 끼고 있는 헤드셋과 바로 연결되는 빨간색 전화기가 있다. 코치는 이 전화로 부상 당한 선수에 관해 보고하거나 경기를 뛰게 될 선수들에 관한 정보를 전달한다. 이사회에 상황을 계속 알릴 뿐이지, 특정 선수를 경기에 투입하기 위해 허가를 요청하는 것이 아니다. 이는 이사회가 단체장에게 자율권을 주는 동시에 책임을 묻는 방식을 보여 주는 '이사회와 단체장의 관계'에 관한 정책과 같다.

협력형 이사회의 목적은 무엇인가?

협력형 이사회는 지속 가능한 사명 완수를 위해 단체를 개괄적으로 감독하는 집단이다. 그들은 이사회 정책을 개발하고 정책을 통해 지휘한다. 조직을 관리하는 대신 유능한 단체장을 고용하고, 모든 관리와 일상적인 결정을 위임한 후 그에 대한 책임을 묻는다.

용납하기 어려울 정도로 단체장의 업무 성과가 낮으면, 이사회는 단체장을 교체하든가, 단체장은 그대로 두고 실무진 제한 정책을 강화함으로써 운영 과정에서 내리는 결정 가운데 더 많은 부분에 대해 이사회의 승인을 받게 하든가, 둘 중 하나를 선택해야 한다. 예를 들어, 이사회는 예산이 편성되지 않은 건에 대해 이사회 승인 없이 지출할 수 있는 한도액을 1,000달러로 제한할 수 있다. 또는 장기 전략 계획을 단체장에게 위임하지 않고 이사회가 책임지고 기획할 수도 있다.

협력형 이사회는 어떻게 작동하는가?

회의 안건과 모든 보고서는 회의 전에 이사들에게 전달해야 하고 모든 이사는 회의를 철저하게 준비해야 한다. 협력형 이사회는, 회의 때 정해진 빈도와 형식에 따라 단체 활동을 모니터한 보고서를 받고 의논한다.

예를 들어, 예산 보고서는 한 페이지 분량일 수도 있고, 광범위하고 자세할 수도 있다. 단체를 모니터하는 데 필요한 정보를 어느 정도까지 자세히 제공하는 것이 적합할지는 이사회가 결정한다.

단체장이 이사회의 승인을 받으려고 제안서나 중요한 결정 사항을 가져오면, 이사회는 기존 정책에 관련 내용이 있는지부터 먼저 확인한다. 기존 정책에 그 내용이 없으면, 새로운 정책을 마련해야 할지 기존 정책을 조정하면 될지를 결정한다. 정책이 변경되면, 단체장은 이사회 승인 없이 그 일을 추진할 수 있다. 때로 단체장이 이사회에 안건을 가져오면 이사회는 그 안건을 철저히 논의한 다음, 단체장이 혼자 또는 실무진과 함께 결정을 내릴 수 있는 적절한 지침이 기존 정책에 나와 있는지 판단한다.

협력형 이사회는 매달 만나서 회의를 열지만, 일부는 분기별로 또는 일 년에 두 번 만나는 쪽을 선호한다. 복음주의재정투명성협회ECFA 지침에는, 적어도 일 년에 세 번 이상 이사회 회의를 열되, 그중 한 번은 화상 회의로 진행해도 된다고 명시하고 있다. 운영이 잘 되는 단체에 아주 유능한 단체장이 있으면, 협력형 이사회가 일 년에 네 번 이상 모여야 할 이유가 별로 없다.

협력형 이사회는 규모에 따라 대, 중, 소로 구분할 수 있다. 규모가 큰 이사회라면, 정책을 입안하고 일 년에 한 번 이상 모든 항목을 검토하며 이사회 정책 설명서를 최신 상태로 유지하기 위해 거버넌스위원회를 구성할 수 있다. 비영리 단체를 유람선에 비유한다면 이사회는 배 소유주에 해당한다. 그들은 선장을 고용하고, 목적지를 정하고, 선호하는 항로에 대한 정보를 얻을 수 있다. 그러나 이사들이 기관실에 들어가서는 안 된다.

협력형 이사회가 가장 좋은 대안일 때는 언제일까?

실무진이 전문적으로 잘 훈련된 사람들이라면, 일반적인 이사회로는 그들을 감독하기가 극도로 어렵다. 이사회는 역량을 강화시켜서 관리형에서 협력형으로 전환해야 한다. 그리고 이사회 정책을 개발하고 지휘하는 데 집중해야 한다.

병원이나 대학처럼 크고 복잡한 조직을 다룰 때는 협력형 이사회 역할을 하는 것이 거의 필수적이다. 대학 이사회에 선정된 사람들은 성공한 기업가들일 텐데, 그들은 학생, 학부모, 직원, 고액 기부자, 노동조합에 가입한 교수, 승인 절차, 정부 규정 등이 요구하는 것들 사이에서 균형을 맞추기 위해 필요한 게 무엇인지 전혀 모른다. 대학을 관리하기 위해 결정을 내리기 시작한 대학 이사회라면 분명 엉망진창일 것이다.

관리형 접근법은 소규모 비영리 단체에도 효과가 있다. 지역 사회복지 단체는 전문 단체 인증, 정부 지원, 보조금 신청, 법적 예방 조처 등으로 꽤 복잡할 수 있다. 이 이사회의 일원으로 봉사하도록 모집된 지역 시민들은 일반적으로 단체나 실무진을 적절히 관리할 지식이나 경험이 없다. 협력형 이사회는 잘 운영되고 있고 빠르게 성장 중인 비영리 단체와도 잘 맞는다. 이 유형은 이사회가 방해물이 되지 않도록 돕고, 실무진이 빠른 성장을 관리할 수 있는 구조를 제공한다.

협력형 이사회는 효과적으로 굴러갈 수도 있고 비효과적으로 굴러갈 수도 있다.

어떨 때 효과적인가?

효과성이 높은 협력형 이사회는 블랙박스의 뚜껑을 닫아 둔 채 블랙박스 외부, 즉 들어오는 자원과 내놓는 결과에 초점을 맞춘다. 그들은 유능한 단체장을 고용하고, 단체장에게 단체의 성과와 결과에 대한 책임을 묻는다. 그들은 모든 자원이 적절히 쓰이고 있는지, 조직이 전반적으로 건강한지, 좋은 성과를 내고 있는지 확인하기 위해 단체를 감독한다.

협력형 이사회는 운영 절차와 운영 지침서를 단체장과 실무진에게 위임한다. 이사회는 지도 정책을 개발하고 그것을 이사회 정책 설명서에 담아내는 데 초점을 맞춘다. 효과성이 높은 협력형 이사회의 경우, 사회의 진정한 필요를 충족시킬 강력한 목적 정책이 있는지 확인한다. 그들은 항상 행동을 금지하는 제한 정책을 부정문으로 기술하고, 해야 할 행동을 일일이 명시하지 않음으로써 조직을 관리하는 일에 직접 관여하지 않는다. 그들은 달성해야 할 결과에 집중하고, 단체장이나 실무진에게 일을 어떻게 해야 한다고 말하지 않는다.

효과성이 높은 협력형 이사회는 일 년에 한 번 이상 정책 설명서에 실린 각 항목을 검토하고, 매년 내규를 검토하여 단체가 내규를 준수하고 있는지 확인한다. 또한 구성원이나 주주, 이사, 후원자와 소통하면서 꾸준히 정보를 전달하고 활동에 대한 열정을 불어넣는다.

일반적으로 협력형 이사회는 월별 예산 보고서보다 분기별 재무제표에 더 신경을 쓴다. 예산은 관리 도구이며, 단체장과 실무진이 운영상의 결정을 내리는 데 매우 유용하게 쓰인다. 협력형 이사회는 항목별 예산 차이가 아니라 실제 재정 상태에 더 관심을 기울여야 한다. 분기별 보고서는 휴일이나 날씨, 그 밖의 계절적 요인으로 인해 월별 보고서에 나타나는 일시적 변동을 안정시키는 경향이 있다.

효과성이 높은 이사회는 단체의 성과를 면밀히 모니터하되, 선을 넘지 않기 위해 주의를 기울인다. 이사들은 운영에 관해 질문은 던질 수 있지만, 조언은 하지 말아야 한다. 효과성이 높은 이사회는 관리하는 일을 삼가고 거버넌스에 집중한다.

어떨 때 비효과적인가?

협력형 이사회는 사소한 부분까지 챙기려 들거나, 사소

한 부분까지 가르치려 들거나, 소극적인 자세를 취할 때 효과성이 낮아질 수 있다.

사소한 부분까지 관리하려는 태도는 가장 흔한 실수다. 그 조직이 직면한 문제를 단체장이 들고 오면, 숙련된 관리자이거나 자기 사업체를 소유하고 있는 이사들은 직접 나서서 문제를 해결하고 싶어 한다. 그들은 재빨리 정보를 파헤쳐서 근본 원인을 찾아내고 싶어 한다. 그들은 그런 일에 소질이 있다. 그리고 진심으로 도우려고 노력한다. 그러나 단체장에게 도움이 필요하지 않거나 단체장이 도움을 받고 싶어 하지 않는 경우, 그들은 본의 아니게 문제를 악화시키고 만다.

제한 정책은, 이사들이 선을 넘어서 관리에 발을 디디지 못하도록 부정문으로 작성한다. 그러나 일부 이사들은 제한 정책을 관리로 들어가는 뒷문으로 활용하고 싶어 한다. 예를 들어, "단체장은 어린이, 장애인, 노인이 충분히 이용할 수 있는 화장실을 마련하지 않으면 안 된다"는 내용의 제한 정책을 이사회가 수립할 수 있다. 이는 충분히 받아들일 수 있는 제한 정책이다. 그러나 이를 다음과 같이 기술할 때 제한 정책은 선을 넘고 만다. "단체장은 쾰러 회사에서 나온 길쭉하고 편안한 높이에 흰색으로 마감한 변기와 칸막이 양쪽에 가로로 스테인리스 손잡이가 있는 화장실을 설치하지 않으면 안 된다."

많은 이사가 블랙박스를 열고, 몰래 엿보고, 개선안을 건의하고 싶은 유혹에 끊임없이 시달린다. 협력형 이사회의 이사들도 호기심을 느낄 수는 있다. 그렇다고 선을 넘어서는 안 된다. 이사회가 방해물이 되면, 단체의 자원을 낭비하게 된다. 사소한 부분까지 가르치려고 들면, 정책을 기술하는 문장을 다듬고 이사회 정책 설명서를 손보는 데 너무 신경 쓰게 되고 그러면 단체가 어떻게 활동하는지 추적하지 못한다. 개중에는 지난 3년간 기부금이 줄어든 이유를 논의하는 것보다 기존 정책을 검토하고 바로잡는 일에 더 매력을 느끼는 이사들도 있다.

지나치게 제한적인 정책을 작성하면, 결국 그 정책은 단체장에게 종이 수갑이 되고 만다. 이사회의 목적은 설명서를 작성하거나 운영에 관한 세부 사항을 통제하는 데 있는 것이 아니라, 단체장이 자원과 성과를 책임 있게 관리하도록 지휘하는 데 있다.

협력형 이사회는 때로 소극적인 자세를 보이기도 한다. 단체의 성과를 적극적으로 모니터하지도 않고, 단체에 새로운 아이디어나 에너지를 불어넣지도 않는다. 소극성을 보여주는 한 가지 징후는 이사들이 회의 준비를 소홀히 하는 것이다. 사전에 발송된 보고서를 받으면, 모든 이사가 그것을 읽고 연구한 뒤 자신의 의견과 질문을 준비해 와야 한다. 어떤 한 단체는 페덱스FedEx를 통해 큰 비용을 들여 전국에 있는 이사들에게 자료들을 미리 발송했다. 나중에 한자리에 모여 회의를 시작했는데, 이사 한 명이 자리에 앉더니 우편물 상자를 그 자리에서 개봉하는 것이었다.

소극성을 보여 주는 또 다른 징후는 이사들이 회의 내내 입을 다물고 의견을 내지 않는 것이다. 이사회 회의 내내 할 말이 하나도 없는 사람들이라면, 처음에 대체 어떻게 이사진으로 뽑혔는지 의아할 따름이다.

소극적인 이사들은 미리 생각하지도 않고, 새로운 아이디어를 제시하지도 않고, 단체의 성과를 모니터하지도 않는다. 그들은 조직에 쓸모 있는 일을 전혀 안 하고 있다.

단체장은 협력형 이사회와 어떻게 일해야 할까?

이사회가 정책 기반 거버넌스를 잘 실행하면, 이사회에서 생기는 전형적인 문제를 많이 피할 수 있고, 단체장을 잘 지휘하여 조직에 크게 이바지할 수 있다. 협력형 이사회 이사들이 받는 가장 큰 유혹은 조직 관리에 손을 대고 싶은 강렬한 욕구다.

철저한 사전 교육 과정은 모든 신임 이사가 올바른 마음가짐으로 일을 시작하도록 도울 수 있다. 그러나 임기 제한이 있는 이사회는, 시간이 흐르면서, 정책 기반 거버넌스

훈련을 한 번도 받은 적 없는 신임 이사들로 전원 교체되는 경향이 있다.

    단체장은 회의 때 이사회에 조언을 구하는 행동을 삼가야 한다. 이사회는 더 자세한 사항을 묻고, 문제를 해결하려 하고, 조언을 아끼지 않을 것이다. 만약 협력형 이사회가 조언을 내놓으면, 단체장은 조언을 받아들여야 할까? 단체장은 운영상의 문제에 대해 조언을 구해서는 안 된다. 만약 이사회가 조언을 내놓으면, 단체장은 감사를 표하되 그에 관한 결정은 단체장의 권한에 속한다는 점을 이사들에게 상기시켜야 한다. 단체장은 이사회를 운영에 끌어들이지 않고도 이사회 회의와 별도로 이사 개개인에게 자문이나 조언을 구할 수 있다.

이사장은 협력형 이사회를 어떻게 이끌어야 할까?

    이런 유형의 이사회에서 이사장 역할을 하기란 쉽지 않다. 가장 큰 과제는 이사들이 실무진 업무에 관여하지 않고 이사회 업무에 집중하게 하는 것이다. 일부 이사장은 이사들에게 레드카드를 나눠 주고 토론이 궤도를 이탈해 조직 관리 쪽으로 빠지면 누구라도 레드카드를 들어 올리게 한다. 레드카드가 위로 들리면, 지금 이사회가 실무진 업무에 손을 뻗고 있는지 이사회가 마땅히 해야 할 일을 하고 있는지 질문할 수 있다. 이 방법은 꽤 효과적일 수 있다. 레드카드를 받고 싶어 하는 사람은 아무도 없으니까.

협력형 이사회가 궤도를 이탈하지 않게 하려면, 확실한 의제를 준비해야 한다. 이사회 정책에는 일반적인 의제들과 한 해 동안 각 회의에서 처리해야 할 과제 목록이 나와 있어야 한다. 이 두 항목을 준비한 뒤 단체장과 이야기하라. 단체장이 의제에 추가하고 싶어 하는 게 있다면, 그런데 그 안건이 조직 관리에 관한 문제라면, 단체장이 결정한 다음 나중에 이사회에 보고하면 된다는 점을 상기시키고 의제에 추가하지 마라.

확실한 의제를 준비하는 건 쉽지 않다. 나는 실무자 여러 명이 자기가 맡은 업무를 구두로 장황하게 보고하는 이사회에서 일한 적이 있다. 대다수의 이사회는 사전에 문서로 보고하는 게 통례고, 모든 이사는 질문이나 의견을 준비해 와야 한다고 늘 권고했던 나였기에 그 상황이 참 답답했다. 그래서 그런 일이 왜 계속해서 벌어지는지 컨설턴트로서 분석하기 시작했다. 그리하여 일반 의제를 조정해 본 적이 한 번도 없다는 사실을 깨달았다. 끔찍하게도 그것은 내 잘못이었다. 나는 이사장이었고, 지난 몇 년 동안 이사회의 모든 의제를 승인했었다. 그러나 의제에 충분히 주의를 기울이지 않았다. 단체장이 지난 회의 내용을 토대로 의제 초안을 작성해서 이메일로 보내 주면, 나는 초안을 빠르게 훑어보고 승인하거나 항목을 한두 개 추가했다. 협력형 이사회의 업무 능력을 키우는 데 필요한 의제 준비하는 일에 시간을 투자하지 않았던 것이다.

또, 회의실 밖에서 응집력 있는 관계를 구축할 방법을 찾아라. 같이 밥을 먹거나 휴가지에서 만나는 것도 한 방법이다. 누구네 집 뒷마당에서 이사들과 부부 동반으로 스테이크를 구워 먹는 것도 괜찮은 방법이다. 관계를 구축하려는 이런 노력을 통해 이사회를 거버넌스 중심으로 함께 꾸려 갈 수 있다. 결국 이사회가 마땅히 해야 할 일에 집중하도록 서로 돕는 결합 조직이 형성될 것이다.

새로운 제한 정책을 수립하는 과정에서 어려움을 겪고 있다면, 이사들에게 그들이 지키려고 애쓰는 가치가 무엇인지 다시 생각해 보게 하라. 깊이 사고하게 하고 조직을 효과적으로 지키는 간결한 정책을 만드는 데 도움이 될 것이다.

이사들 중에 계속해서 회의를 방해하거나 무례한 행동을 일삼는 사람이 있으면, 이사장으로서 그를 일대일로 만나 주의하라고 경고하라. 그래도 소용이 없으면, 그 문제를 이사회 전체 회의에서 토의하라. 그런데도 행동을 고치려고 하지 않으면, 자진해서 자리에서 물러나라고 요청하라.

가끔은 단체장이 협력형 이사회를 '조직 관리'라는 수풀로 끌고 가는 주제를 꺼낼 것이다. 때때로 단체장이 운영 문제와 관련하여 조언을 구하면서 그런 일이 벌어진다. 또 때로는 단체장이 운영에 관한 세부 사항을 보고서에 지나치게 자세히 기술해서 그런 일이 벌어진다. 이사장으로서 당신은 이사들이 블랙박스 안이 아니라 블랙박스 밖에서 벌어지는 일에 집중하기를 바랄 것이다.

지나치게 자세한 보고서는, 비행기 탑승에 관한 제리 사인펠드Jerry Seinfeld의 농담을 떠올리게 한다. 비행기가 이륙한 뒤 기장은 이따금 순항 고도와 비행 계획을 지나치게 자세히 알리는 방송을 한다. 사인펠드는 기내 방송이 나올 때마다 비행기 앞쪽으로 걸어가서 조종실 문을 두드리고 이렇게 말하고 싶어진다고 했다. "네, 잘 알겠습니다. 다 좋아요. 다 좋은데, 그러니까 비행이 끝나면 우리가 항공권에 적힌 곳에 도착하는지, 그것만 좀 확인해 주실래요?"

이사장은 협력형 이사회가 결과에 초점을 맞추도록 이끌어야 한다. 운영에 관해서는 '예외 보고'를 활용해야 한다. 즉, 이사회는 운영에 중대한 문제가 있거나 실무진이 제한 정책을 위반한 경우에만 블랙박스 안에서 일어나는 일을 거론한다는 뜻이다.

격동의 시기에는 과감한 행동이 필요하다. 더러는 정책을 세우는 것만으로 충분하지 않을 때가 있다. 이때가 바로 항해형 이사회가 필요한 때다.

6장

항해형 이사회

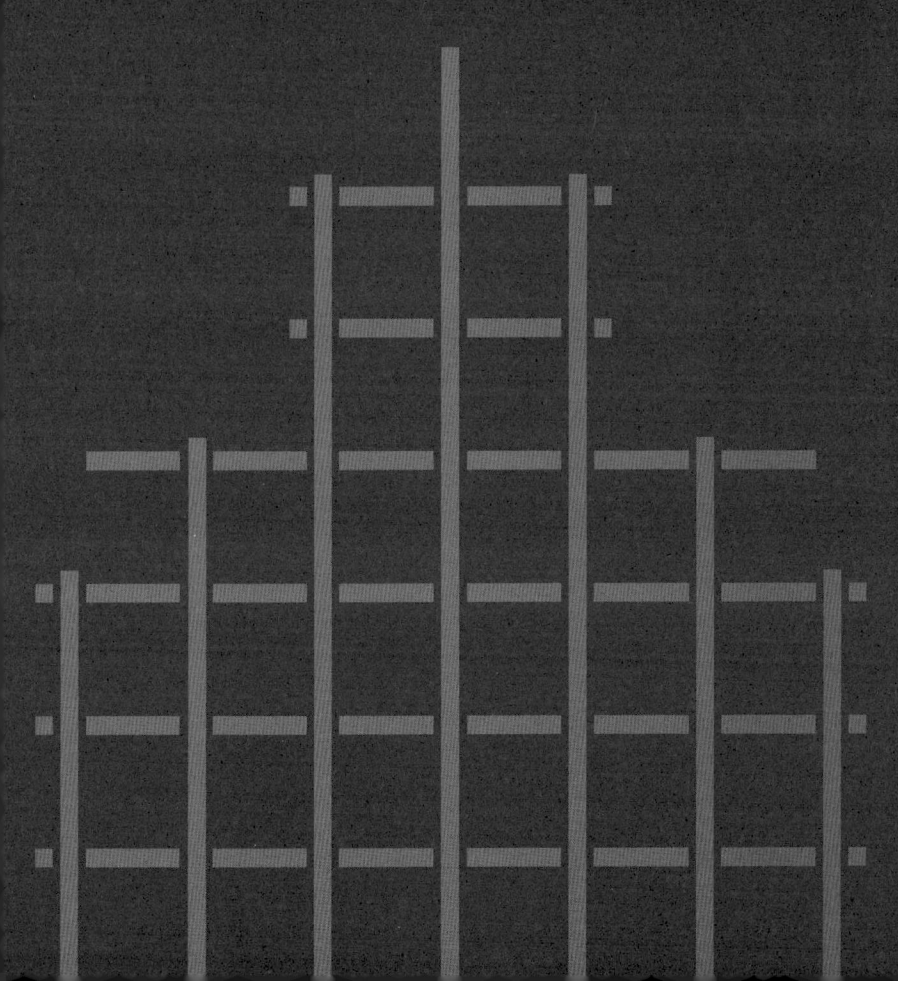

MAXIMIZING BOARD EFFECTIVENESS

117

정의 항해형 이사회는 조직을 감독하면서, 새로운 기회를 만들거나 조직의 생존에 영향을 끼칠 환경 변화에 초점을 맞추는 사람들의 모임이다. 그들은 운영 과정에서 일어나는 일은 무시하고, 조직을 위해 새로운 가능성과 새로운 전략적 방향을 모색하는 경향이 있다. 조직을 블랙박스에 비유하자면, 그들은 블랙박스를 집어서 새로운 곳으로 옮기거나 블랙박스의 모양을 완전히 바꿔 놓는다. 항해형 이사회는 효과적으로 굴러갈 수도 있고 비효과적으로 굴러갈 수도 있다.

관리형 이사회는 과업과 프로젝트를 위임하고, 협력형 이사회는 조직 관리를 위임한다면, 항해형 이사회는 정책을 검토하고 수립하는 일을 위임한다. '거버넌스위원회'라고 부르곤 하는 위원회에 그 작업을 맡기거나, 이사회 정책 설명서를 장기간 제쳐 두기도 한다. 기존 정책을 그대로 두고 조직을 지휘할 때 사용하기는 하지만, 정책을 수정하고 개선하는 데는 시간을 거의 또는 전혀 투자하지 않는다.

이사회가 조직 운영 절차에 갑자기 끼어들어 무언가를 바꾸기 시작하거나 자금 흐름을 관리하려 든다면, 그 이사회는 항해형 이사회가 아니라 관리형 이사회다. 위기가 닥치거나 일이 틀어져서 걱정이 되자, 블랙박스 뚜껑을 열고 결정을 내리기 시작한 것이다. 항해형 이사회는 블랙박스 뚜껑을 닫아 둔 채 단체장이 조직을 계속 관리하게 두고, 자기들은 조직 전체를 어떻게 초기화해야 할지, 또는 조직의 활동 근거지를 어디로 옮겨야 할지에 초점을 맞춘다.

때로는 조직 운영도 순조롭고 관리도 잘 되지만, 세상이 바뀌기도 한다. 그러면 조직의 활동 근거지를 옮기거나 조직의 존재 목적을 바꾸어야 한다.

어떤 사람들이 어떤 일을 하는가?

항해형 이사회에는 단체가 활동을 펼치는 사회의 상황을 깊이 있게 이해하는 사람들이 필요하다. 이 이사회에는 중대한 변화를 주도해 본 경험이 있거나 인수·합병에 참여해 본 사람들이 필요하다. 대의를 위해 파괴적인 결정을 내리는 것도 두려워하지 않는 현명한 사람들이 필요하다. 항해형 이사회는 전통적인 협력형 이사회보다는 '전문 고문단'이나 '부실기업 회생팀'에 가깝다. 항해형 이사회는 단체장에게 강력하고 전략적인 통찰을 제공할 수 있다.

마흔다섯 살 된 직원을 CEO로 승진시킨 기술 회사를 한번 살펴보자. 이사회에는 은퇴한 임원들이 가득하다. 전에 이런 기술 회사를 운영해 봤거나, 다른 회사들과 경쟁해서 이기려면 무엇이 필요한지 아주 잘 아는 업계 베테랑들이다. 이사들은 각자 전문성을 인정받아 이사회에 영입되었다. 그들은 경쟁이 치열하고 빠르게 변하는 환경에서 회사의 정체성을 만들어가기 위해 힘을 합칠 준비가 되어 있다. 경쟁이 치열한 업계에서 초짜를 CEO로 세운 이 회사는 항해형 이사회가 필요하다.

항해형 이사회는 이사들 수가 적을수록 잘 굴러가는 경향이 있다. 이사회 규모가 크면 해당 조직에 중대한 변화를 일으키는 사안을 다룰 때 합의에 도달하기가 어렵다. 때로는 격동하는 환경을 헤쳐 나가 본 경험이 있는 사람들로 이사들을 새로 영입해야 할 것이다.

이사회가 이런 자격을 갖춘 이사들을 쉬이 찾지 못하거나 이사로 선정된 사람을 통제하지 못하면, 항해 작업을 수행할 위원회를 구성하는 방법도 있다. 아니면, 지혜와 인생 경험을 갖춘 외부 인사들을 모아 특별대책반을 설립해서 단체가 직면한 상황을 연구하고 어떤 변화가 필요한지 권고하게 할 수도 있다.

항해형 이사회에 가장 유용한 도구는 '전략 지도'다. 전략 지도란 앞으로 나아가기 위해 해결해야 할 과제와 전략적 선택지를 강조한 도표를 말한다. 전략 지도는 무척 창의적일 수 있다. 물이나 지형, 고속도로를 찾는 여행자들에게는 물리적 지도가 도움이 되지 않는가. 이 이사회의 또 다른 도구는 '기회 심사'다. 기회 심사는 이사회가 추진할 수 있는 잠재력 있는 새로운 벤처나 새로운 서비스, 새로운 시장 목록을 말한다. 이사회가 현재 상태를 파악하고 추진할 수 있는 선택지를 제시하는 데 어떤 도표가 도움이 될지 고려하라.

항해형 이사회의 목적은 무엇인가?

항해형 이사회는 새로운 기회를 포착하거나 단체의 생존을 확보하기 위해, 단체를 뜯어고치거나 존재 목적을 바꾸는 그룹이다. 그들은 서비스 대상을 조정하거나, 새로운 곳으로 옮기거나, 단체의 사명을 바꾸거나, 새로운 자금원을 찾거나, 새로운 비즈니스 모델로 전환하거나, 서비스 대상에게 봉사할 새로운 접근법을 찾아내거나, 제품 제공 범위를 좁히거나, 디지털화하거나, 다른 비영리 단체와 합병하거나, 질서 있는 폐쇄를 명령할 수 있다.

 이 유형의 이사회는 일반적으로 단체를 감독하고 단체장에게 책임을 묻는 이사회에서 미래를 보장하기 위해 변화의 주체가 되는 이사회로 이동한다. 그들은 관련 환경에 생긴 변화를 살피고 그 변화를 이해하려고 노력한다. 해당 단체가 벼랑 끝으로 내몰리고 있으면, 이사회가 개입해서 단체장과 긴밀히 협력해 단체에 필요한 대대적인 조정을 단행해야 한다. 만약 단체장이 이사회의 이런 조치를 강력히 반대하면, 새로운 단체장을 찾아야 한다.

항해형 이사회는 어떻게 작동하는가?

 항해형 이사회는 관리형 이사회나 협력형 이사회로 출발할 수 있다. 어떤 조직의 관련 환경에 갑작스럽게 변화가 일어나면, 새로운 기회가 생기거나 심각한 위협이 뚜렷하게 모습을 드러낼 수 있다. 이는 이사회가 기회를 포착하거나, 위협을 완화하거나, 변화하는 환경에 적응할 사전 대책을 세우는 동기가 될 수 있다. 그들은 조직이 어떻게 변해야 하는지에 초점을 맞추기 위해 조직을 관리하고 정책을 세우는 일에서 한동안은 손을 떼야 한다.

항해형 이사회는 단체장이 어떤 사람이냐에 따라 실무진 계획을 승인하거나, 단체장과 실무진 계획을 함께 세우거나, 이사회실에서 주요 변경 사항과 전략적 변화를 안내할 수 있다.

자기들이 아끼는 조직을 대대적으로 뜯어고치는 걸 싫어하는 이사들은 이사회를 떠나야 할 것만 같다고 느낄 수 있다. 그런가 하면, 변해 가는 세상에 화가 나긴 하지만 어떻게든 바뀌지 않으려고 기를 쓰는 조직을 떠나고 싶어 하는 이사들도 있다. 그래서 환경 변화 및 대대적인 조정 필요성을 이해하는 이사들과 변화를 경시하고 실무진이 더 열심히 노력하면 될 일이라고 단정하는 이사들 사이에 종종 갈등이 생긴다.

어떤 비영리 단체든, 관련 환경이 서서히 변화함에 따라 단체장이나 이사회가 조직을 대대적으로 개편해야 하는 전략적 변곡점을 감지할 때가 있다. 앞으로 걸어갈 길이 혼란스럽거나 불확실해 보일 수 있다. 이 시기에는 협력형 이사회로는 부족하다. 새로운 길로 항로를 바꾸려면 조직의 목적 정책이나 희망하는 결과를 완전히 새로 고쳐야 한다.

소규모 단체가 위험한 환경에 있는 청소년들을 멘토링해주는 새로운 모델을 개척했다고 가정해 보자. 이 단체는 성인 남녀를 모집해서 십 대 청소년의 삶에 긍정적인 변화를 일으키도록 잘 훈련했다. 지역 주민들도 그들을 따뜻하게 품어 주었다. 5년 뒤, 이 단체는 자기들이 돌본 청소년들의 삶에 상당히 긍정적인 결과가 나타났다고 보고했다. 이 단체에서 활용한 새로운 방법과 놀라운 결과를 들은 한 재단이, 이 프로그램을 전국적으로 확대하기 위해 수년에 걸쳐 거액의 보조금을 지급했다. 그러나 설립자와 단체장에게는 이 단체를 성장시킬 기술이나 비전이 없었다. 이사회는 어떻게 해야 할까? 보조금을 거절해야 할까? 설립자를 쫓아내야 할까? 전국적 규모의 단체를 별도로 출범해야 할까?

1960년대 고아원 이사회를 생각해 보자. 그들은 정부 지원금을 받지도 않았는데 갑자기 사업을 접어야 했다. 그들이 활동하는 지역의 주 정부가 '가정 위탁 보호 제도'로 시스템을 전환했기 때문이다. 아이들에게 힘이 되어 주라고 사람들이 단체에 보낸 후원금은 충분했지만, 정작 그들은 도움이 필요한 아이들에게 손을 뻗을 수 없었다. 이사회는 어떻게 해야 할까? 가정 위탁 보호 제도에 따라 아이들을 위탁 가정에 배치하는 단체가 되어야 할까? 건물을 개조해서 적은 임대료만 받고 다른 비영리 단체에 사무 공간으로 임대해야 할까? 단체를 폐쇄해야 할까, 아니면 바뀐 환경에 적응하며 다른 방식으로 활동을 이어가야 할까?

소규모 비영리 단체가 고등학생을 대상으로 성경 퀴즈를 내는 사역이 성황을 이루고 있던 경우는 어떤가. 이 단체는 철사로 엮은 벤치와 커다란 점수판을 놓고 매년 주州 대회를 개최했다. 그런데 1970년대에 청소년 문화와 청소년 사역이 급변했다. 교회들이 프로그램 참여를 갑자기 중단했다. 이사회는 어떻게 해야 할까? 나이가 더 어린 학생들로 대상을 바꾸어야 할까? 특별한 훈련을 받지 않은 실무진과 함께 다른 방식으로 청소년 사역을 전개해야 할까? 성경 퀴즈가 다시 유행할 때까지 몇 십 년이라도 기다려야 할까? 단체를 폐쇄해야 할까, 아니면 다른 방식으로 활동을 이어가야 할까?

이런 상황에서는 항해형 이사회로 전환해야 한다. 단체가 이런 문제에 직면해 있을 때 정기 이사회에서 논의할 의제를 정리하는 것은 아무 의미가 없다. 실무진이 적응하지 못하거나 적응하지 않으려 할 때는 이사회가 조치를 취해야 한다.

이 대안이 가장 적합한 때는 언제인가?

항해형 이사회가 가장 적합한 대안이 되는 때는, 흥미로운 기회가 새로 생겼을 때나 관련 환경에 어떤 변화가 발생해서 조직의 효과성이 크게 떨어졌을 때다. 다시 말해, 블랙박스의 장기적인 생존 가능성에 의문이 들 때다. 항해형 이사회는 변화가 필요한 모든 이사회에 가장 적합한 대안이다. 결단은 빠르면 빠를수록 좋다.

그렇다고 단체가 꼭 위기에 처해야만 항해형 이사회가 필요한 것은 아니다. 예를 들어, 더는 예전과 같은 결과를 내놓지 못하지만 후원금은 줄지 않고 여전히 탄탄해서 기존 방식을 그대로 고수하는 단체가 있을 수 있다. 기존 실무진은 시대에 뒤떨어진 방식을 굳건히 지키며 늘 하던 방식으로 계속 일할 수 있어서 행복해할 것이다. 아니면, 단체 앞에 펼쳐진 완전히 새로운 기회를 감지할 수도 있다. 오로지 이사회만, 관련 환경이 어떻게 변하고 있고 어떤 식의 조직 개편이 필요할지에 관심이 있다.

관련 환경에 생긴 변화가 긍정적이면 항해형 이사회로 전환하는 계기가 될 수도 있다. 예를 들어, 외국 난민들이 정착할 새로운 거점이 수도권에 생기면, 어떤 사회사업 단체는 돌봐 줄 새로운 인구와 풍부한 자금원을 얻게 될 수 있다. 이와 달리, 비슷한 활동을 펼치던 다른 단체는 문을 닫을 수도 있고 그러면 지역 인구 일부는 갑자기 필요한 서비스를 받지 못하게 된다.

모든 조직은 어느 시점에 항해형으로 이사회를 전환해야 한다. 그 시점은, 조직이 수년 동안 정체되어 있다가 환경에 실질적인 변화가 막 생겼을 때일 수도 있고, 조직이 지역 환경에 맞지 않아서 현저히 내리막길을 걸을 때일 수도 있고, 사회 상황에 적합하지 않거나 자금이 부족해서 어쩔 수 없이 조직을 폐쇄해야 할 때일 수도 있다.

항해형 이사회는 효과적으로 굴러갈 수도 있고 비효과적으로 굴러갈 수도 있다.

어떨 때 효과적인가?

항해형 이사회는 블랙박스 안에서 일어나는 일은 무시하고, 블랙박스 뚜껑을 닫아 둔 채 관련 환경이 어떻게 변했는지 조사할 때 가장 효과적이다. 그들은 지금 이 세상에 필요한 것은 무엇이고, 기존 단체가 제공할 수 있는 것은 무엇인지 살핀다. 또한, 잠재적인 서비스 대상과 회원은 어떻게 변했고 단체가 업무를 수행하는 방식은 어떻게 뜯어고쳐야 하는지 살핀다. 항해형 이사회는 새롭게 떠오르는 기회를 살핀다.

예를 들어, 1960년대와 1970년대에 기독교 캠프는 길고 지루한 여름 방학을 맞은 많은 어린이와 청소년에게 매력적인 대안을 제공했었다. 그러나 50년 뒤, 사회는 변했다. 아이들에게는 비디오게임과 휴대폰이 있다. 스포츠 리그는 일년 내내 훈련하고 시합한다. 많은 청소년이 지나치게 많은 프로그램에 참여하고 있다. 전통적인 여름 캠프는 경쟁이 치열했었다. 캠프에 경쟁력이 없으면, 개편해야 한다. 관련 환경이 바뀌었기 때문에, 단순히 브랜드 이미지를 쇄신하고 마케팅에 돈을 투자하는 것으로는 문제를 해결할 수 없다. 캠프 재정이 곧 바닥날 상황이라면, 이사회는 항해형으로 전환하고 모든 가능성을 열어 놓고 토의해야 한다.

항해형 이사회는 근본 원인을 조사하고, 단체장과 협력하고, 기존 실무진을 최대한 참여시키고, 후원자를 비롯한 이해 관계자들과 소통하고, 급진적인 선택지를 놓고 자유롭게 토론하고, 과감한 행보를 보일 때 효과적이다.

새롭고 획기적인 전략을 찾으려는 단체와 일을 함께 하면서, 나는 설립 초기부터 지금까지 그 단체가 걸어온 길을 돌아보면 앞으로 나아가는 데 중요한 실마리를 찾을 수 있다는 점을 깨달았다. 단체의 '창립 스토리'가 희망의 씨앗을 제공할 수 있다. 처음 이 단체를 왜 시작했는가? 어떤 필요를 채웠는가? 사람들에게 어떤 혜택을 제공했는가? 관련 환경에 어떤 변화가 생겼는가?

단체가 과거에 단행했던 굵직한 변화를 돌아보는 것도 유익하고 고무적일 수 있다. 보통, 단체를 설립하고 수십 년 이어오다 보면 활동 방식과 프로그램을 여러 번 바꿀 수밖에 없다. 작금의 상황은 그런 변화와 궤를 같이하는 또 다른 도전이다. 그 단체가 과거에 대규모 개편을 단행했고, 이번에도 성공리에 대규모 개편을 이루어 낼 수 있다는 점을 실무진과 후원자들에게 상기시켜 주는 것이 좋다.

항해형 이사회는 대규모 혁신 계획을 완료하고 조직이 새로운 표준을 세울 때까지 항해 모드를 유지할 때 효과가 있다. 이사회는 목적 및 프로그램 개편을 공고히 해서 조직을 안정시키거나 새로운 성장 곡선을 그려 나가야 한다. 이 시점에 이사회는 관리형 또는 협력형 이사회로 돌아갈 수 있다.

어떨 때 비효과적인가?

효과성이 낮은 이사회는 격동의 시간에 현상을 유지할 목적으로 항해형으로 옮겨 간다. 그들은 가능한 한 빨리, 상황을 원래대로 되돌리고 싶어 한다. 그들은 점점 더 시대에 뒤처지는 단체를 지원하기 위해 대대적인 모금 활동을 시작할 것이다. 그들은 같은 분야에 등장한 새로운 경쟁을 무시하는 경향이 있다.

한 가지 예로, 1940년대에 철도 회사들이 어떻게 트럭을 경쟁 상대로 보지 않고 무시했는지 생각해 보자. 초기에는 트럭 수가 그리 많지 않았고 주간州間 고속도로도 없었다. 그러다 나중에 상당량의 화물을 기차보다 더 융통성 있게 운송할 수 있는 세미-트럭이 나왔다. 결국, 관련 환경이 바뀌었음을 깨달은 철도 회사는 곤경에 빠졌다.

효과성이 낮은 이사회는 정책 수립하는 일을 계속하되 그 일을 위원회에 맡기거나 최소한의 시간을 투자하기보다는 정책을 아예 무시할 것이다. 또한 효과성이 낮은 이사회는 필요한 개편을 대대적으로 단행하기보다는 기존 전략을 수정하는 경향이 있다. 그들은 관련 환경에 어떤 변화가 생기고 있는지, 왜 그런 변화가 일어나는지 깊이 들여다보지 않는다. 자기들이 침몰하는 배 위에 있다는 사실을 어렴풋이 깨닫긴 하지만, 괜히 배를 흔들어 풍파를 일으키고 싶어 하지 않는다.

단체장은 항해형 이사회와 어떻게 일해야 하는가?

이사회가 사전 대책을 강구할 필요성을 인지하고 항해형으로 전환하면, 단체장은 이사회와 함께 그 일에 동참하고 이사회와 완전한 파트너가 되어야 한다. 단체장은 이사회와 함께 환경에 어떤 변화가 일어나고 있는지 조사하고 배워야 한다.

일부 이사들은 관리 영역에 손을 대고 싶어 하거나, 한 걸음 더 나아가 사소한 것까지 직접 챙기고 싶어 할 것이다. 단체장은 이사회를 관리 영역에 끌어들이지 말고 생산적이고 전략적인 대화에 참여시켜야 한다. 이사회는 블랙박스 뚜

껍을 닫아 둔 채 단체에 작용하는 원동력에 집중해야 한다.

단체에 새로운 기회가 생겼을 때는 이러한 변화가 긍정적일 수 있다. 새로운 기회의 상대적 장점을 이야기할 때는 이사회가 관리 업무에 관여하지 않는다. 단체가 새로운 기회를 좇아야 한다는 결정이 나오면, 단체장은 이사회가 관리 업무에 관여하지 않도록 실무는 본인이 맡아 처리하겠다고 제안할 수 있다.

이사장은 항해형 이사회를 어떻게 이끌어야 하는가?

이런 유형의 이사회에서 이사장 역할을 하기란 쉽지 않다. 여기에는 조직 관리에 간섭하지 않는 이사회에서 새로운 지역으로 조직을 이전하는 이사회로 전환하는 작업이 포함된다. 일반적인 감독 업무에서 대대적인 개편을 명령하는 업무로 전환하려고 하면, 어떤 이사장이든 상당한 저항에 부닥칠 것이다. 이사장이 정책 기반 거버넌스를 위반하고 부적절하게 운영에 개입하려 한다는 비판도 나올 것이다. 엄밀히 말해서, 항해형 이사회는 블랙박스 뚜껑을 열지 않은 채 관리 영역을 쇄신한다. 이사회는 관련 환경에 더 부합하도록 전반적인 투입, 과정, 의도한 산출을 조정한다.

이사장에게는 이 일이 상당히 답답할 수 있다. 이사회

를 협력형으로 운용할 경우, 이사들이 가장 자주 하는 불평은 자기들이 직접 결정을 내리고 실행에 옮길 수 없다는 것이다. 그런데 갑작스러운 환경 변화가 생겼을 때 주로 나오는 불평은 이사회가 정책 기반 거버넌스를 위반하고 있다는 것이다. 다시 한번 엄밀히 말하건대, 항해형 이사회는 정책 기반 거버넌스를 위반하지 않는다. 블랙박스를 집어서 더 나은 곳으로 옮기거나 의미 있는 방식으로 블랙박스를 재편할 뿐이다.

    이사회가 블랙박스 외부에 집중하게 하라. 현 관리 실태나 성과가 저조한 프로그램에 대해 걱정하지 마라. 일부 관리자와 프로그램은 단체와 미래를 함께하지 않을 수도 있다. 세밀한 부분까지 일일이 조율하는 정책에 대해서도 걱정하지 마라. 격동의 시간을 거쳐 단체를 성공적으로 쇄신하고 나면, 이사회가 정책을 다듬을 시간이 있을 것이다.

    이사들에게 미래를 위한 새로운 비전과 생산적 사고에 동참하자고 촉구하라. 잠재적 방향을 가능한 한 많이 열어두고 자유롭게 토론하라. 토론하다 보면 각 방향의 장단점을 숙고할 수 있을 것이다. 전략적인 계획을 세우기보다는 함께 전략적으로 생각하도록 유도하라. 항해형 이사회가 행동에 나서기로 결정을 내리면, 과감하게 움직여라. 어설프게 고치지 마라. 실무진, 후원자, 그 밖의 지지자들에게는 언제 발표하면 좋을지 신중하게 생각하라.

이사회는 한 집단으로서 미래로 나아가는 길을 배우는 자세를 취해야 한다. 새로운 아이디어를 어떻게 생각하는지 실무진에게 의견을 물어라. 새로운 아이디어를 신속하게 시험해 볼 그룹을 운영하라. 새로운 접근 방식을 실험하라. 유연한 기획과 창발적創發的 전략을 활용하라. 이사들 가운데 누구도 무엇을 해야 할지 알지 못할 것이다. 단체장도 무엇을 해야 할지 알지 못할 것이다. 그러나 한 집단으로서 단체장과 항해형 이사회는 나아갈 길을 찾을 수 있을 것이다.

7장

모드 전환하기

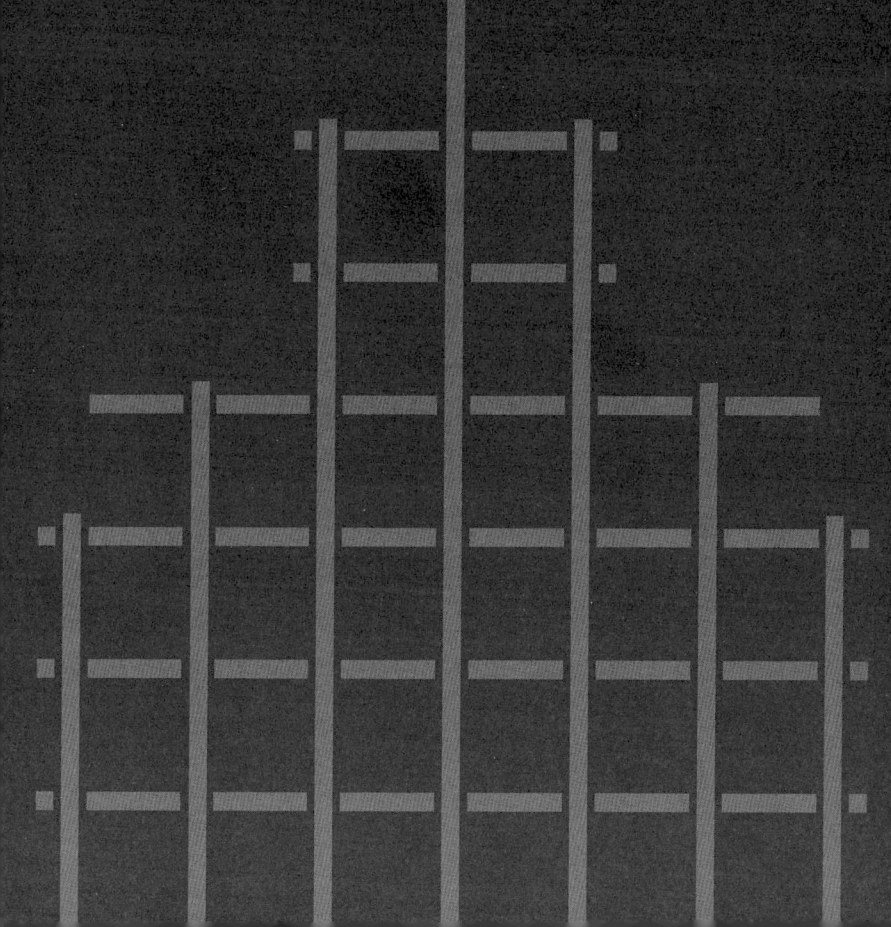

| MAXIMIZING BOARD EFFECTIVENESS |

이 세 가지 유형의 이사회를 알고 나면, 많은 이사장과 이사, 단체장은 자기네 이사회가 현재 어디에 있고 어디로 가야 최적의 성과를 낼 수 있는지 궁금해한다.

세 가지 유형의 이사회를 고려할 때 이사회를 더 효과적으로 만드는 전환 형식이 몇 가지 있다. 사소한 부분까지 챙기는 미시 관리에서 경영 관리로, 세부 사항까지 통제하는 미시 거버넌스에서 정책 기반 거버넌스로, 현상 거버넌스에서 변혁 거버넌스로, 관리형에서 협력형으로, 협력형에서 항해형으로 이동할 수 있다. 위로 이동하면 이사회의 효과가 올라가는 것을 의미하고, 옆으로 이동하면 협력형으로 바뀌는 것을 의미한다.

전환하려면, 현재 여러분이 속한 이사회와 여러분이 되

	관리형	협력형	항해형
효과적	경영 관리	정책 기반 거버넌스	변혁 거버넌스
비효과적	미시 관리	미시 거버넌스	현상 거버넌스

고 싶은 이사회가 어떤 이사회인지 확인하라.

    비영리 단체가 새로 설립되면, 보통은 관리형 이사회와 함께 출발한다. 단체가 원숙해지고 유능한 단체장이 고용되면, 이사회는 성과를 개선하고 정책 기반 거버넌스로 옮겨 갈 필요성을 느낀다. 새로운 기회가 열리거나, 관련 환경이 바뀌어 단체의 효과성이 떨어지거나, 지속 가능성이 낮아지면, 이사회는 새로운 길을 계획하기 위해 항해형으로 기능을 변경하기로 합의할 수도 있다.

    하지만 처음부터 협력형 이사회나 항해형 이사회와 함

께 시작하는 비영리 단체도 있다.

어떤 이사회든 처음에는 경영 정책이 필요하므로 관리형에서 항해형으로 쉽사리 전환할 수 없다. 거버넌스를 위임하는 것이 항해형 이사회의 핵심 중 하나이기 때문이다. 현 이사회가 관리형이라면, 항해형이 되기 위해 관리 업무를 위임받을 사람이 아무도 없다는 뜻이다. 그러면 이사회는 관련 환경에 집중하지 못할 뿐만 아니라 블랙박스 안에서 일어나는 일에도 집중하지 못한다. 움직임이 더디고 거리가 있는 외부의 영향력보다는, 단체 내부의 현안이 더 시급해 보이고 더 주의를 기울여야 할 과제처럼 느껴지는 법이다.

지금부터는 이사회를 전환할 때 염두에 두어야 할 지침과 피해야 할 일반적인 함정을 살펴보자.

미시 관리에서 경영 관리로 전환할 때

이때는 이사들이 풀숲을 이리저리 헤집지 않도록 돕는 것이 기본이다. 관리형 이사회가 되기로 결단한 이사회는 고위 경영진과 같은 역할을 하려고 힘써야 한다. 일을 잘하는 경영진은 사소한 부분까지 일일이 참견하지 않는다. 그들은 운영에 필요한 일상적인 결정은 위임을 하고, 전략적인 문제에 집중하는 편이다. 앞에서 살펴본 미니마트 소유주들처럼,

관리형 이사회는 관리자의 마음가짐보다는 소유주의 마음가짐을 고수하고 싶어 한다.

보고 관리형 이사회는 단체장에게 어떤 종류의 보고를 받고 싶은지, 세부 사항을 어느 정도까지 자세하게 보고해야 하는지 명확히 정해 주어야 한다. 이렇게 하면, 회의 때 단체장에게 질문을 퍼붓지 않고도 알아야 할 내용을 충분히 전달받았다는 느낌을 가질 수 있다.

방향 관리형 이사회는 사후 대응에 급급해서는 안 되고 사전에 대책을 강구해야 한다. 이사들은 이미 내린 결정이나 이미 지출한 돈을 두고 단체장을 비판하지 말아야 한다. 이사회가 이미 벌어진 일을 바꿀 수는 없다. 대신에 이사회는 현재 영향을 받을 수 있는 것과 미래에 초점을 맞춰야 한다.

위임 관리형 이사회는 프로젝트나 굵직한 책무를 단체장에게 넘길 때 능숙하게 위임해야 한다. 단체장에게 책임을 위임하면서, 그가 임무를 수행하기 위해 결정을 내릴 때 그 권한이 어디까지인지 명확히 알려 주어야 한다. 협력형 이사회는 거의 모든 권한을 위임하지만, 관리형 이사회는 그보다 작은 권한을 위임하고 단체장의 책무를 더 엄격하게 규정한다.

운용 한계 관리형 이사회는 이사회의 영역에 속하는 결정은 무엇이고 단체장에게 위임하는 결정은 무엇인지 명확히 규정한다. 물론, 개중에는 이사회와 단체장이 함께 결정

	단체장	공동	이사회
전략 기획 초안			
전략 기획 승인			
연간 운영 계획 초안			
연간 운영 계획 승인			
운영 절차 초안			
운영 절차 승인			
예산안 제출			
예산 승인			
자금 흐름 통제			
실무진 고용			
실무진 관리			
성과 평가			
프로그램 효과 평가			

해야 할 사안도 있을 것이다. 누가 어떤 결정을 내리는지 표를 만들고, 선을 넘지 말라고 이사회에 요청하라.

협력 단체장과 관리형 이사회는 가능한 한 긴밀하게 협력하여 문제를 해결하고, 과정을 개선하고, 어려움을 극복하고, 지속 가능성과 효과성이 갈수록 높아지는 조직을 만들어야 한다.

미시 거버넌스에서 정책 기반 거버넌스로 전환할 때

이때는 이사회가 잘 지휘할 수 있게 돕는 것이 기본이다. 이 유형의 이사회가 잘못되는 길은 두 가지다. 하나는 이사들이 정책을 작성하면서 세부 사항에 집착하는 경우다. 또 하나는 이사들이 소극적인 태도를 보이면서 갈수록 지휘 업무를 소홀히 하는 경우다.

참여 이사회 정책 설명서에 나와 있는 기대 사항을 검토하고, 매해 연초에는 새로운 마음가짐으로 이사회 활동에 전념해 달라고 요청하라. 이사들 개개인의 노고에 감사함으로써 이사들의 참여도를 높여라.

준비 서면 보고서를 사전에 전부 발송하고, 이사들에게 자료를 꼼꼼히 검토하고 회의 때 질의할 거리를 준비해 오라고 요청하라.

의제 이사장과 단체장이 협력하여 각 회의의 의제를 준비해야 한다. 안건 승인, 지난 회의록 승인, 보고 받기 등으로 회의를 시작한 뒤, 전략에 관한 항목을 의제 앞부분에 배치하고, 행정에 관한 항목이나 덜 중요한 항목은 회의 후반부에 다루도록 한다.

활용 이사회 정책 설명서를 애써 마련해 놓고도 정작 정책을 참조하지는 않는 것, 이것이 정책 기반 거버넌스로 전환한 이사회가 흔히 하는 실수다. 이들은 회의하러 모여 앉아서도 계속 관리형 이사회처럼 역할을 한다. 이사회가 스스로 정책 기반 거버넌스를 자처하거나, 이사회 정책 설명서를 만들어 놓는 것만으로는 충분하지 않다. 효과성이 높은 이사회가 되려면 자기들이 만든 정책을 활용해야 한다.

목적 운영상의 문제보다는 목적 정책과 결과를 향해 나아가는 과정에 더 집중하라. 어떻게 하면 단체가 희망하는 결과를 이룰 수 있을지 전략을 논의하는 데 시간을 할애하라.

제한 일부 이사들은 뒷구멍으로 운영을 통제할 심산으로, 지나치게 많은 시간을 들여 제한 정책을 상세히 열거하길 좋아한다. 제한하고 싶은 행동 목록을 무작정 길게 나열하지 말고, 이사회가 지키려고 애쓰는 가치가 무엇인지 생각하고 거기서부터 시작하라. 그것부터 명확히 기술하고 나면, 더 자세한 목록은 굳이 필요 없어지기도 한다.

정리 이사회 정책 설명서는 시간이 흐르면서 쓸데없이 길어지고 복잡해질 수 있다. 최상위 정책부터 시작해서 한 단계씩 차례로 내려가는 정책 작성 원칙을 지켜라. 반드시 내용과 형식이 완전한 문장을 사용하고 단계를 건너뛰지 마라.

검토 모든 이사회는 이사회 정책 설명서와 내규에 실린 각 조항을 일 년에 한 번은 검토해야 한다. 회의로 모일 때 하루 날 잡고 모든 조목條目을 검토해도 되고, 한 번에 한 조목씩 검토할 수도 있다. 이사들은 회의에 앞서 개선할 점에 주목하고 각 조목을 검토해 와야 한다.

교육 이사장은 이사회가 꾸준히 거버넌스 교육을 받게 해야 한다. 책을 한 권 정해서 함께 읽어도 되고, 온라인 자료를 활용해도 된다. 외부 전문가를 초청해서 세미나를 진행해도 된다.

현상 거버넌스에서 변혁 거버넌스로 전환할 때

이때는 조직이 새로운 기회를 활용하거나, 대대적인 변화를 단행하거나, 변하는 환경에 적응하도록 돕는 것이 기본이다. 효과성이 높은 항해형 이사회는 상황을 정상으로 되돌리려고 애쓰지 않고, 뉴 노멀(new normal, 시대 변화에 따라 새롭게 떠오르는 기준 또는 표준을 뜻하는 말-옮긴이)을 세울 수 있도록 과감한 조치를 취한다.

파괴적 개조를 시행하기보다는 현재의 균형을 유지하려는 게 모든 비영리 단체의 자연스러운 성향이다. 현상형 이사회는 때로 과거를 붙들고 변화를 막으려 하다가 상황을 악화시키곤 한다. 그들은 단체를 지원하고 전통을 지키면서 피할 수 없는 일을 미루려고 모금 활동을 벌인다.

긴박 관련 환경에 생긴 변화와 변화에 대처해야 할 필요성을 강조하라. 조직이 곧 직면할 가능성이 많은 여러 시나리오를 살펴보라. 지금 눈앞에 있는 기회가 빠르게 사라질 수 있다는 사실을 지적하라.

학습 이사회는 함께 미래로 나아갈 길을 배워라. 조직과 관련된 환경에 무슨 일이 벌어질지 아무도 모른다는 점을 인정하는 것에서 출발하라. 그런 다음, 계속 관찰하고, 읽고, 조직 밖에서 무엇이 어떻게 변하고 있는지 함께 토의하라.

혁신 대담한 생각, 참신한 비전, 창의적인 반응을 요구하라. 프로그램을 짜고 기금을 모금하는 새로운 방식을 실험하라.

용기 과거에 하던 방식을 단순히 수정하려고 하지 마라. 끊임없이 개선하는 건 좋지만, 그것만으로는 관련 환경에 나타난 새로운 도전과 위협을 해결할 수 없다. 때로는 이사회가 과감하게 움직여야 한다.

전통 조직이 내리막길을 걸을 때 좋았던 옛 시절을 그리워하지 마라. 처음에 여러분의 조직은 세상의 필요에 창의적으로 대응하기 위해 설립되었다. 지금 세상은 무엇을 필요로 하는가? 어떻게 하면 거기에 창의적으로 대응할 수 있을까?

관리형에서 협력형으로 전환할 때

이때는 관리 기능과 운영상의 모든 결정을 단체장에게 위임하고 협력형 이사회로 발돋움하기 위해 노력해야 한다.

그러려면 이사회 정책을 개발하고 조직을 개괄적으로 감독해야 한다.

관리형에서 협력형으로의 전환은 규모가 크고 복잡한 비영리 단체에 가장 유용하다. 이사회가 전문성 있는 실무진과 유능한 단체장을 고용했다면, 그들이 조직 관리하는 법을 이사회보다 더 잘 알 것이다. 정책 기반 거버넌스는 이사회가 조직을 잘 지휘하는 데 도움이 된다.

이 전환은 어려울 수 있다. 천성적으로 관리에 능한 이사들은 이사회 역할을 이런 식으로 바꾸는 것을 불편해한다. 전환이 잘 안 되면, 책임감이 더 약해져서 조직의 상황이 더 나빠질 수 있다.

어떤 비영리 단체든, 관리형에서 협력형으로 잘 전환하려면 네 가지 전제 조건을 갖추어야 한다. 그것은 바로 유능한 단체장, 지휘하길 원하는 이사회, 운영에 관여하지 않는 이사들, 거버넌스 경험이 풍부한 이사다.

유능한 단체장 믿고 맡길 수 있는 유능한 단체장이 없으면, 어떤 이사회도 정책 기반 거버넌스로 전환할 수 없다. 감당하지도 못할 사람에게 운영 권한을 모두 위임하는 건 어리석은 짓이다. 기대한 결과가 나오지 않으면, 단체장을 잘못 뽑은 실수를 어느 순간 뼈아프게 후회할 것이다. 그러면 이사회에는 두 가지 선택지만 남는다. 새로운 단체장을 고용하든가, 관리형 이사회가 되든가.

지휘하길 원하는 이사회 이사회 정책을 입안하고 성과를 모니터하는 지루한 작업을 기꺼이 수행할 이사들이 없으면, 어떤 이사회도 정책 기반 거버넌스로 전환할 수 없다. 어떤 이들은 이사회 회의를 극도로 지루해한다. 그래서 조직의 사명을 완수하고 싶은 열정을 다른 쪽에서 적극적으로 펼치고 싶어 한다. 누군가는 '지도'라는 힘든 일을 해야 한다.

운영에 관여하지 않는 이사들 실무진 업무에 관여하려는 이사들이 있으면, 어떤 이사회도 정책 기반 거버넌스로 전환할 수 없다. 재능 있는 관리자들에게 관리는 즐거운 일이다. 당연히 그들은 정보를 검색하고, 근본 원인을 찾고, 문제를 해결하고 싶어 한다. 그러나 훌륭한 협력형 이사회는 운영상의 세세한 문제에 관여하지 않는다.

거버넌스 경험이 풍부한 이사 정책 기반 거버넌스를 활용해 본 경험이 많은 이사가 한 명도 없으면, 어떤 이사회도 정책 기반 거버넌스로 전환할 수 없다. 전문 지식을 가진 이가 아무도 없으면, 컨설턴트를 기용하는 것도 도움이 된다. 단체장은 이사회가 관리형에서 협력형으로 전환하도록 이끌 수 없다. 거버넌스 변화를 겪는 교회에서는 목사가 교인들을 이끌기가 쉽지 않다. 단체장이 할 수 있는 일은, 이사들이 전환할 준비가 되었다고 느낄 때까지 책과 기사를 제공하는 정도다. 이사들 가운데 능숙하게 전환을 주도할 인물이 아무도 없으면, 도움을 줄 외부 인력을 고용해도 된다.

모든 이사회가 정책 기반 거버넌스로 전환할 준비가 되어 있는 것은 아니다. 일반적으로, 비영리 단체의 규모가 크고 복잡할수록 갖춰야 할 전제 조건도 많다. 성공에 꼭 필요한 조건을 갖추지 않은 채 전환을 진행하지 마라.

모든 단체는 저마다의 고유한 상황에 거버넌스 원칙을 적용하면서 구조나 절차를 개편해야 한다. 그러나 관리형과 협력형을 뒤섞은 혼합 구조는 피하는 게 현명하다. 단일 구조가 아닌 혼합 구조란, 하위 이사회가 상위 이사회에 보고하는 상황, 또는 동등한 권한을 지닌 두세 개의 이사회가 편성된 상황을 말한다. 예를 들어, 학교를 갖춘 교회는 교회 이사회와 학교 이사회가 따로 있을 수 있다. 또는 사업이사회와 장로이사회를 따로 둔 교회도 있다. 혼합 구조는 대개 이사회 간에 갈등이 생길 일을 무수히 많이 만든다.

한 교회는 정책 기반 거버넌스를 이용해 다중 위원회 구조에서 단일 이사회 구조로 전환했다. 그런데 기존 자산위원회의 저항이 만만치 않았다. 그래서 자산위원회는 그대로 두고 나머지를 통합해 단일 이사회로 전환했다. 그러나 말이 단일 구조지, 자산위원회가 별도의 자산이사회를 구성해서 교회 이사회와 함께 일했다. 공교롭게도 교회를 오래 다닌 교인 여럿이 자산이사회에 속해 있었고, 그들은 교회 지붕을 재건하고 주차장을 재포장하는 데 돈을 쓰는 등 자본 지출에 관한 결정 내리는 것을 좋아했다. 그 때문에 두 이사회는 지출에 관한 결정을 내릴 때마다 계속 충돌했다. 결국, 문제를 해결하기 위해 자산위원회의 권한을 오로지 자문만 하는 위원회 수준으로 조정했다.

협력형에서 항해형으로 전환할 때

이때는 거버넌스를 위임하거나 이사회가 거버넌스에 투자하는 시간을 제한하고, 관련 환경에 생긴 변화에 집중하는 것이 기본이다. 아마도 이것은 앞에서 설명한 그 어떤 전환보다 이해하기 어려울 것이다.

항해형으로 전환한다는 말은 관련 환경에 어떤 변화가 생기고 있는지, 새로운 기회를 조직이 어떻게 활용할지, 살아남기 위해 조직을 어떻게 개혁할지에 주목한다는 뜻이다. 블랙박스를 집어서 다른 장소로 옮기거나 블랙박스의 모양을 의미 있게 바꾼다는 뜻이다.

안정된 환경에서 운영하는 단체에는 항해형 이사회가 거의 필요하지 않다. 대개 격동하는 환경이나 기능이 마비될 정도로 불확실한 시기에 운영하는 단체가 항해형 이사회로 전환한다. 격변하던 환경이 진정될 때까지, 또는 단체가 지속 가능성을 갖고 앞으로 나아갈 길을 찾을 때까지는 항해형 이사회가 중심축이 될 것이다.

초점 조직에 초점을 맞추기보다는 조직에 영향을 끼치고 있는 즉각적인 환경 요인과 곧 엄청난 영향을 끼칠 더 거대한 환경 작용에 초점을 맞춰라.

전문 지식 이런 경제적·사회적 변화가 어떻게 일어나는지 이사회가 이해할 수 있도록 돕는 외부 자문과 전문 지식을 활용하라. 다른 조직에서 비슷한 풍파를 이겨 낸 경험이 있는 이사들을 새로 영입하라.

의미 환경 동향과 불확실성은 전략적 혼란을 초래할 수 있다. 사회와 잠재적인 서비스 대상, 후원자에게 지금 일어나는 일이 어떤 의미인지 이사들이 이해할 수 있게 도와라. 조직과 이해 관계자들에게 의미를 깨우쳐 주라.

시나리오 위태로운 불확실성을 해결하는 도구로 시나리오 플래닝scenario planning을 활용하라. 미래가 어떻게 펼쳐질지, 이에 대비하여 단체는 어떤 준비를 할 수 있을지 몇 가지 그림을 그려 보는 것이다.

생성 이사회가 충실 의무를 재빨리 완수하고 생성적 사고(과거 경험을 이용해 새로운 문제를 해결하거나 새로운 내용의 결론을 이끌어 내는 사고-옮긴이)에 더 많은 시간을 투자하게 하라. 우리에게 무슨 일이 일어나려고 하는가? 여기에 어떤 새로운 것이 나타나려고 하는가? 이런 질문을 던져라.

위기를 모면하고 조직이 새로운 현실에 잘 적응하면, 협력형 이사회로 다시 전환할 수 있다. 여기에서 '이사회는 얼마나 자주 기능을 변경해야 하는가'라는 질문이 나온다.

유동성

어떤 이사회가 위에서 설명한 여러 전환 중 하나를 고려해야 할까? 모든 이사회는 현재 어떤 유형인가와 상관없이 효과성이 낮은 이사회에서 효과성이 높은 이사회로 이동하려고 시도해야 한다. 그러나 이 유형에서 저 유형으로 전환하는 작업은 더 신중하고 드물게 이루어져야 한다.

세 가지 유형의 이사회는, 한 회의에서는 관리형 이사회 역할을 하고 다른 회의에서는 협력형 이사회 역할을 할 수 있는 유동적 상태가 아니다. 단순히 조직에 영향을 끼치는 외부 작용과 환경에 주의를 기울인다고 해서 항해형 이사회가 되지는 않는다. 이러한 전환은 느리게 이루어질 수도, 빠르게 이루어질 수도 있지만, 일반적으로 이사회는 오랫동안 한 가지 유형을 고수한다.

관리형 이사회를 협력형 이사회로 전환하고 싶다면, 장기적 미래를 위해 협력형 이사회 역할에 전념해야 한다. 단체가 잘못 관리되고 있거나 단체에 단체장이 없는 경우가 아니라면 관리형 이사회로 되돌아가서는 안 된다. 단체를 효과적으로 지휘하려면, 어떤 이사회든 관리를 위임해야 한다.

그러지 못하면, 다시 관리형 이사회로 돌아갈 수밖에 없다. 유능한 단체장이 자리를 비워서 내리막길로 치닫는 단체라면, 어느 시점에 관리형 이사회에 맞게 거버넌스 규모를 조절해야 할 수도 있다.

어쩔 수 없이 항해형으로 전환했고 이제 다시 협력형으로 돌아가길 원하는 이사회는 가능한 한 빨리 협력형 이사회로 돌아가야 한다. 항해형 이사회가 조직을 잘 뜯어고쳐서 새로운 기준을 세웠다면, 이미 수립된 정책이 있으므로 협력형 이사회로 쉽게 되돌아갈 수 있다. 목적 정책은 수정해야 할 가능성이 크다. 이사회가 새로운 영역에 관심을 기울이게 되었으니 제한 정책도 조정해야 할 수 있다. 그러나 새로운 기준이 확실히 자리 잡기 전까지는 협력형 이사회로 되돌아가면 안 된다.

적응형 거버넌스란 필요할 때 다른 모드로 이사회를 전환할 수 있다는 뜻이다. 당연한 일만 하면서 관성에 젖다 보면 세 가지 유형 모두 효과성이 떨어지기 쉽다. 각 유형은 마땅히 해야 할 일에 대한 훈련을 받아야 한다.

8장

전략 수립과 이사회 역할

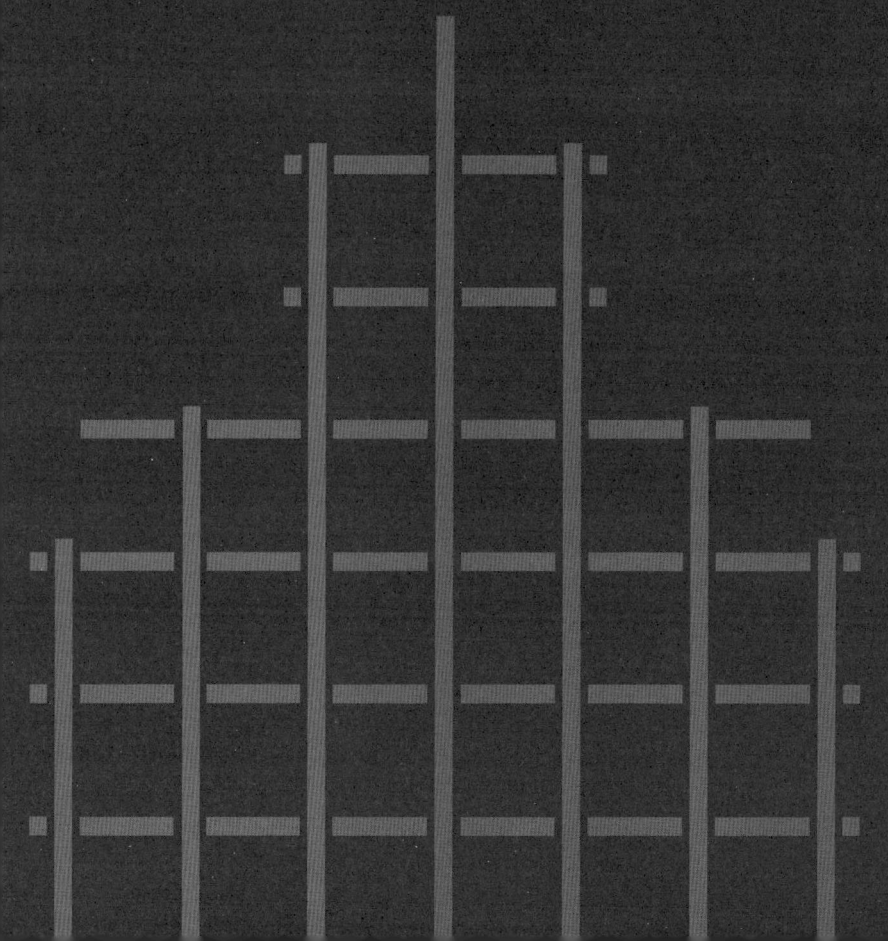

MAXIMIZING BOARD EFFECTIVENESS

여러분 단체의 전략은 무엇이냐고 단도직입적으로 물으면, 많은 비영리 단체의 단체장들은 명확히 답하지 못한다. 종종 사명 선언문을 낭송하는 것으로 답을 갈음하기도 한다. 그러나 단체의 사명과 앞으로 나아가기 위한 전략은 같은 게 아니다. 그 점을 이해한 사람들은 가끔 전략 계획안을 꺼내기도 한다. 그런데 안타깝게도 대다수 전략 계획안에 정작 전략은 그리 많지 않다. 전략 계획이라기보다는 오히려 장기 운영 계획에 더 가까울 때가 많다.

비록 단체장들이 단체의 전략을 명확히 설명하지는 못하더라도, 보통 전략을 하나쯤은 가지고 있다. 우리는 그것을 기본 전략이라고 부른다. 이를테면 이런 식이다. "작년과 같은 방식으로 할 계획이지만, 올해는 더 열심히 할 것이다."

거의 모든 이사회는 더 명확한 전략을 세우게 도움으로써 단체에 크게 이바지할 수 있다. 그런데 전략과 관련한 이사회의 역할에 대해 혼동하는 부분이 많다. 어떤 단체장은 이사회가 적극적으로 참여해 주길 바라고, 어떤 단체장은 이사회가 관여하지 않길 바란다. 예를 들면, 다음과 같이 다양한 의견이 있다.

- 이사회가 적극적으로 나서서 전반적인 전략을 세워야 한다.
- 전략 수립에 이사회가 꼭 참여해야 한다.
- 전략을 수립하기 시작할 때 이사회가 의견을 제시해야 한다.
- 이사회는 전략 기획서를 승인해야 한다.
- 이사회는 단체에 장기 계획이 있는지 확인만 하면 된다.

단체의 전략을 개발할 책임은 누구에게 있을까? 이사회가 새로운 전략을 구상한 다음 실무진에게 전달해서 실행하게 하는 게 현명할까? 전략 기획은 관리 기능이므로 실무진이 맡아서 해야 한다는 의견도 있다. 전략 기획이 실무진만의 일이라면, 이사회가 전략 계획안에 이의를 제기할 수는 있는 걸까? 이사회는 회의 때 전략적으로 사고하지 말아야 하는 걸까?

전략 계획을 세우는 과정은 이사회와 실무진 사이에, 또는 이사들 사이에 갈등을 초래할 수 있다. 실무진이 최선이라고 생각하는 계획을 제시했는데 이사회가 그 계획을 비판할 수도 있다. 몇몇 이사들은 단체가 직면한 맞바람과 외부의 도전을 제대로 이해하지 못한 채 조언을 내놓을 수도 있다. 또한, 단체가 나아가야 할 방향을 두고 이사들끼리 의견이 첨예하게 갈릴 수도 있다.

이사회와 실무진 모두, 전략과 전략 계획안의 차이를 이해하면 도움이 될 것이다.

전략 계획과 전략적 사고

글로 쓴 전략 계획안은 정적이고, 전략은 동적이다. 그러나 전략 계획안을 쓰든 전략을 짜든, 양쪽 다 전략적 사고가 필요하다.

전략적 사고는 단체의 관련 환경과 단체가 활동하는 방식에 초점을 맞춘다. 블랙박스 안에서 일을 어떻게 처리하느냐에는 별로 신경 쓰지 않고, 그 단체가 현재 상황에서 관련 환경의 요구, 도전, 기회에 잘 대응하고 있는지에 더 신경을 쓴다.

블랙박스 안에서 일어나는 일을 개선하는 데 중점을 두

는 전략 계획안은 최소한으로 전략적인 편이다. 그러나 전략은 변화를 암시한다. 조직을 있는 그대로 보존하는 게 목표이므로, 전략 계획안은 최소한으로 전략적이어야 한다.

전략 계획안을 작성하는 일반적인 과정은 다섯 부분으로 이루어진다. (1) 먼저, 비전과 사명 선언문, 핵심 가치 등의 기초 문서를 검토하고 수정한다. (2) 시간을 들여 단체 외부의 위협과 기회를 고려한다. (3) 핵심 결과 영역(업무 성과가 영향을 발휘하는 영역-옮긴이)과 주요 성공 요인을 파악한다. (4) 핵심 결과 영역의 목표와 목적을 파악한다. 어느 쪽이 더 나은지를 두고 논쟁이 이어질 수 있다. 교육 전공자는 목표보다 목적을 더 높게 평가하고, 경영 전공자는 목적보다 목표를 더 높게 평가하는 경향이 있다. 때로는 단체 전체 차원에서만 목적과 목표를 설정하고, 때로는 부서별로 매우 상세하게 목적과 목표를 설정한다. (5) 이 모든 일을 실현하기 위해 재정적 영향을 분석하거나 예산을 추정한다. 그런데 이런 전략 계획안에서 정확히 어느 부분이 전략에 해당하는가?

기본적으로 '앞으로 나아가기 위한 길'이 전략이라는 점을 모든 이사회와 실무진이 인정하면, 상황을 깔끔하게 정리할 수 있다. 전략을 지나치게 복잡하게 만들 필요는 없다. 여러분이 하는 일이 곧 사명이다. 여러분이 누구인지가 곧 가치다. 여러분이 가고 싶어 하는 곳이 곧 비전이다. 여러분이 여기에서 거기로 어떻게 갈 것인지가 곧 전략이다.

이사들이 모였을 때 전략적으로 사고할 필요는 있지만, 전략 계획안을 쓸 필요는 없다. 이사들이 전략 구성에 참여하여 단체에 이바지할 수는 있지만, 전략 계획안을 작성하거나 승인할 필요는 없다. 반면에 일부 이사회는 단체장과 함께 연간 목표를 세우고 싶어 한다. 이는 이사회의 유형과 실무진의 능력에 달렸다. 어떤 차원의 목표인지, 얼마나 상세한 목표인지와 상관없이 목표를 세우려면 전략적 사고가 필요하다.

과연 비영리 단체가 전략적이지 않은 이사회를 원할까?

전략과 조직의 생애 주기

모든 비영리 단체는 조직의 생애 주기상 어딘가에 자리하고 있다. 인간과 마찬가지로, 조직도 태어나서 자라고 성숙해지다가 늙어 죽는다. 그러나 인간과 달리, 조직은 혁신을 통해 스스로 뜯어고치고 새로운 성장 단계로 이동하여 사실상 새로운 생애 주기를 시작할 수 있다. 생애 주기상 매 단계에서 다음 단계로 나아가려면 각기 다른 전략이 필요하다.

우선, 시작 단계에는 모든 것이 흥미진진하고 새롭다. 그다음에는 모든 것이 올바른 방향으로 쑥쑥 크는 성장 단계

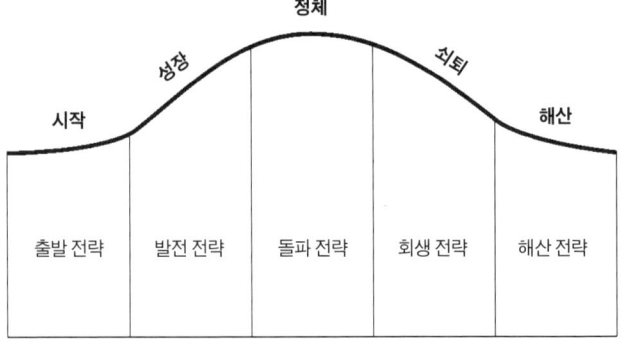

가 온다. 그러나 영원히 성장하는 건 아무것도 없으므로 성장해 가던 모든 단체는 정체기를 맞게 마련이다. 어떤 단체는 다시 성장할 길을 찾아낸다. 그러나 어떤 단체는 수년 동안 정체기를 벗어나지 못한다. 결국, 많은 단체가 추진력을 잃고 쇠퇴기에 접어드는데, 쇠퇴기가 수십 년 이어지기도 한다. 어떤 단체는 스스로를 다시 성장기로 되돌리는 어려운 선택을 감행할 방법을 찾는다. 결국, 변화하는 환경에 적응하지 못한 단체는 자금이 바닥나고 종말 단계로 이동한다.

단체의 수명 주기상 각 단계에는 다른 유형의 전략이 필요하다.

1. 출발 전략

시작 단계에 있는 단체는 실험과 '빠른 실패'를 재빨리 반복하는 전략이 필요하다. 이제 막 시작한 단체는 융통성을 가지고 언제 생길지 모를 기회를 노려야 한다. 일반적으로 그들은 강력한 비전과 비교적 단기적인 목표를 세운다. 새로운 일을 시작하는 것이니 앞으로 나아가는 법을 배워야 한다. 만약 전략적인 계획을 공식 문서로 작성해 놓는다면, 일이 진행됨에 따라 빠르게 진부해지고 말 것이다.

2. 발전 전략

성장하는 단체에는 더 장기적인 목표를 갖춘 전략이 적합하다. 발전 전략이란 명확한 우선순위를 정하고 성장을 감당할 역량을 구축하는 것이다. 역량 구축 영역에는 사무 공간, 실무자 지원, 서비스 대상을 직접 상대하지 않는 지원 업무, 후원자 기반 확대가 포함된다. 자연스럽게 성장이 이루어지고 있으므로 앞으로 나아가도록 단체를 몰아붙일 필요가 거의 없다. 그 대신, 단체장은 장애물을 치우고, 명확한 우선순위를 정하고, 성장 목표를 세워야 한다. 공식 장기 전략 계획은 단체 전체를 전략적으로 연계하는 데 유용할 수 있다.

3. 돌파 전략

정체기에 들어선 단체는 성장이 멈춘다. 눈에 띄게 쇠퇴하지는 않지만, 전에 잘 돌아가던 일이 이제는 잘 돌아가지 않는다. 이제 전과 같은 결과를 얻으려면 전보다 더 열심히 해야 한다. 이들에게는 돌파구가 필요하다. 이들은 단체를 한 단계 끌어올리고 싶어 하지만, 그러려면 어떻게 해야 하는지 모른다. 이런 상태에는 돌파 전략이 필요하다.

활동 모델을 정비하거나, 대상을 확대하거나, 새로운 서비스를 추가하거나, 부서를 새로 만듦으로써 앞으로 나아갈 새로운 길을 찾을 수 있다. 단체가 정체기에 접어들었더라도 실험하고 혁신할 시간은 아직 있다. 현재 활동을 관리하는 데는 공식 장기 계획이 도움이 되지만, 단체가 한 단계 도약하려면 돌파구가 있어야 한다. 혁신이 필요하다는 말이다.

다른 활동 방식을 모색하기 위해 별도의 그룹을 만드는 것도 이런 종류의 전략에 포함된다. 더러는 실무진이, 필요한 체계와 방법을 바꾸는 것에 반대하기도 한다. 별도의 그룹은 고루한 실무진의 간섭을 최소화하면서 새로운 방식을 실험할 수 있다. 예를 들어, 많은 대학이, 교수들의 거센 저항 때문에 별도의 부서를 만들어 온라인 강의를 개발하고 실행할 수밖에 없었다.

4. 회생 전략

생애 주기상 쇠퇴기에 접어든 단체에는 회생 전략이 필요하다. 이들 단체는 활동 방식과 단체 자체를 완전히 뜯어고쳐야 한다. 단체 내부에 결과에 대한 불만이 널리 퍼져 있는 경우가 많다. 우선, 단체장은 단체가 정체 상태에 빠진 것이 아니라 쇠퇴하고 있다는 사실을 인정해야 한다. 비용을 절감하고 규모를 줄여야 할 수도 있다. 회생 전략은 쇠퇴기에 접어든 근본 원인을 분석하고, 적합한 인재를 단체에 합류시키고, 조직을 전면적으로 변화시킬 길을 제시한다. 현재 단체가 하는 일이 효과를 발휘하지 못하고 있으므로 공식 장기 계획은 별로 도움이 되지 않는다. 오히려 이들에게는 조직 개편을 위한 단기 계획이 필요하다. 성공할 경우, 단체는 회생을 마치고 새로운 성장 곡선을 그려 갈 수 있다.

이사들은 성장 목표를 공격적으로 설정하여 쇠퇴에 대응하려 할 때가 많다. 하지만 단체가 쇠퇴하는 데는 이유가 있다. 때로는 단체 활동 모델이나 단체가 제공하는 서비스가 더는 예전과 같은 결과를 내지 못하기 때문에 쇠퇴한다. 때로는 시간이 흐르면서, 서비스 대상자 또는 관련 환경의 필요가 바뀌어 수요나 효과성이 감소함으로써 단체가 쇠퇴한다. 거기에 연료를 주입해 봤자 더 실망스러운 결과만 나올 뿐이다. 먼저, 이사회와 실무진은 무엇이 바뀌었는지 파악해야 한다. 그리고 새로운 활동 모델이나 새로운 전달 체계, 새로운 서비스 대상을 찾아야 한다. 단체가 앞으로 나아갈 새로운 길을 찾으면, 회생을 마치고 새로운 성장 곡선을 그려 갈 수 있다.

5. 해산 전략

바뀌려는 의지가 없거나 바뀐 환경에 적응하지 못하는 단체는, 언젠가는 자금이 바닥나서 문을 닫게 될 것이다. 종말 단계에 접어든 단체에는 해산 전략이 필요하다. 정직하게 문을 닫고, 모든 청구서에 돈을 지급하고, 남은 자산을 팔거나 기부하는 것이 이 계획이다. 다른 비영리 단체와 합병하거나 개발업자에게 자산을 매각하는 형태가 될 수도 있다. 이 계획은 기존 자산을 올바르게 처리하고 정직하게 문을 닫는 데 초점을 맞춰야 한다.

너무나 많은 단체가 절망적인 상태에 이를 때까지 버티다가 뒤늦게 합병 가능성을 고려한다. 너무 오래 버티면, 다른 단체에 넘겨줄 가치가 거의 남지 않을 수 있다. 사실, 비영리 단체의 합병은 대부분 인수나 다름없다. 더 건강한 조직이 더 약한 조직을 흡수한다.

비범한 이사회는 해산 전략이 필요해지기 전에 조직을 합병하거나 해산해야 할 시기와 방법, 이유를 담은 탈출 계획을 세우는 편이다.

이사회는 자기네 비영리 단체가 생애 주기상 어디에 자리하고 있는지 파악하고, 제시된 전략이 적절한지 확인함으로써 단체에 크게 이바지할 수 있다.

신중한 전략과 창발적 전략

실무진과 이사회는 문서로 정리해서 승인을 받은 전략 계획에 따라 행동할지, 아니면 전략 계획을 변경해야 할지를 놓고 때로 갈등을 겪는다. 전략 계획은 명확해야 하고 조직 전체에 전달되어야 하지만, 융통성도 있어야 한다. 단체장은 신중한 전략과 창발적 전략을 함께 구사하며 균형을 맞춰야 한다.

신중한 전략은 실무진이 함께 모여서 조직과 주변 환경을 분석하고, 선호하는 미래 모습을 설명하고, 장기 및 연간 목표를 설정한 다음 계획을 실행하는 데 집중하는 과정이다. 일반적으로 대다수 비영리 기구는 일 년에 한 번 정도 단체장이 실무진을 데리고 이 과정을 반복한다. 신중한 전략은 계획의 목적 지향적인 스타일에 의존한다.

창발적 전략은 분기에 한 번, 또는 일 년에 한 번 실무진이 함께 모여서 어떤 것은 효과가 있고 어떤 것은 효과가 없는지 검토하는 과정이다. 이는 실험하고, 실험을 통해 배우고, 효과가 있는 것에 맞춰 전략을 수정하는 것이다. 창발적 전략은 계획의 범위와 방향에 의존한다.

두 전략 다 유용하다. 하나는 조직 통제를 강조하고, 또 하나는 조직 학습을 강조한다.

문서로 정리한 전략 계획은 이사회, 단체장, 실무진 모두 다 같은 방향을 가리키게 하지만, 모든 장기 전략 계획은 결함이 있을 수밖에 없는 미래에 대한 가정에 기초하여 세워진다. 계획에 참여하는 이들은 기존 동향이 계속되고, 조직은 안정세를 유지하고, 경제는 큰 충격을 겪지 않고, '블랙스완' 사태는 일어나지 않으리라고 가정한다. 하지만 관련 환경은 늘 변한다. 일부 비영리 단체의 경우에는 관련 환경이 상당히 느리게 변하고, 너무 느린 탓에 변화를 알아채지 못하고 놓치기 쉽다.

단체는 전략적으로 사고하고, 전략 계획을 문서로 작성하고, 계획을 주기적으로 검토해서 학습한 내용을 통합해야 한다. 새로운 기회가 올 때를 대비해 긴장을 늦추지 말아야 한다. 피터 드러커Peter Drucker의 말처럼 기회는 딱 한 번뿐이다. 오늘날 비영리 단체에는 명확한 전략과 변화에 적응할 줄 아는 단체장, 융통성 있는 계획이 그 어느 때보다 절실히 필요하다.

전략의 요소

문서로 정리한 전략 계획은 상당히 정교할 수 있다. 여기에는 1년, 3년, 5년 단위의 목적과 목표가 포함되기도 한다. 부서 차원의 목적과 목표를 구체적으로 명시할 수도 있다. 그러나 전략의 핵심이 과녁을 벗어나면, 많은 세부 목적과 목표도 과녁을 벗어날 것이다. 길고 긴 목표 목록은 일관성 없는 프로젝트와 활동을 양산할 것이다.

모든 전략 또는 전략 계획안의 핵심은 한 페이지를 넘겨서는 안 된다. 리처드 루멜트Richard Rumelt는 '전략의 중핵strategy kernel'이라는 접근법을 제안했다. 전략의 중핵, 즉 전략의 핵심은 진단, 지도 정책, 일관성 있는 조치, 이 세 부분으로 이루어진다는 것이다.

진단 이것은 조직 안팎에서 무슨 일이 일어나고 있는지를 설명하는 고층 분석이다. '조직이 현재 어떤 상황을 직면하고 있는가? 관련 환경에 어떤 변화가 일어나고 있는가?'를 묻는다. 진단의 목적은 의미 있는 통찰을 제공하는 데 있다. 이 단계에서는 '시스템 사고'(전체 시스템을 구성하는 하위 시스템을 밝히고, 이들의 상호 관계를 정립하고, 시스템 외부 환경과의 피드백을 규명함으로써 시스템 유효성을 극대화하기 위해 분석 대상이 되는 사물을 시스템으로 파악하는 사고 방법-옮긴이) 도구를 이용하는 게 도움이 된다. 그 결과로 주요 과제 목록이 생성되기도 한다.

지도 정책 이것은 조직이 선택할 전략적 주제 또는 전략적 접근을 가리킨다. 세 부분 중 가장 파악하기 어려운 부분이다. 나는 가끔 이것을 지도 사상 또는 전략적 방향이라고 설명한다. 지도 정책은 조직이 직면한 문제를 극복하기 위한 전반적인 접근 방식을 요약하되, 이를 달성하는 방법을 구체적으로 기술하는 데까지는 나아가지 않는다.

일관성 있는 조치 지도 정책이 명확해지면, 그것을 실행에 옮겨야 한다. 기획자는 앞으로 나아가는 데 필요한 핵심 계획이나 프로젝트 목록을 만들어야 한다. 이 목록은 고차원적이어야 하고, 영향을 끼칠 수 있는 방식으로 조치가 취해지는 데까지 연결되어야 한다. 이 시점에서는 모든 프로젝트를 일일이 나열할 필요도 없고 계획을 자세히 설명할 필요도 없다. 따라서 일관성 있는 일련의 조치는, 조직이 직면한 도전을 극복하기 위해 지도 정책을 실행에 옮기도록 한다.

전략의 중핵이 갖춰지면, 관리팀과 부서 책임자에게 전달하여 좀 더 세부적인 계획을 세울 수 있다. 전략의 중핵이 궤도에 오르면, 거기서 나오는 나머지 계획은 모두 전략 계획이 된다. 전략 중핵이 명확하면, 어떤 단체장이라도 조직의 전략을 명확히 설명할 수 있다.

나는 미국 남부에 있는 소도시에서 노숙하는 가족에게 하룻밤 동안 쉼터와 상담을 제공하는 비영리 단체의 이사회를 컨설팅한 적이 있다. 25년간 단체를 이끌어 온 창립자는 은퇴했고, 새로운 책임자는 인사人事 전문가 출신이었다. 단체에 중대한 변화가 생겼다는 점을 모든 이사가 인정했다. 그래서 이사회는 전략 계획을 세우기 위해 도움을 받기로 한 것이었다.

목록을 일목요연하게 정리하고 나자 해결해야 할 과제가 버겁게 느껴졌다. 목록에는 다음과 같은 것이 포함되었다.

- 자금 안정화
- 기술 업그레이드
- 정신 질환 및 약물 남용 문제 해결
- 채용 절차 개선
- 자원봉사자 모집
- 지역 사회 내 단체 이미지 제고
- 도시와의 관계 개선
- 시설 리모델링

지도 정책, 즉 지도 사상은 내용과 형식이 완전한 문장으로 표현할 수도 있고, 가슴을 울리는 문구로 표현할 수도 있다. 이 이사회는 오랜 논의 끝에 지도 정책을 한 단어로 요약했다. "전문화하기."

지도 정책이 명확해지자 그들은 곧 새로운 관점을 갖게 되었고, 이사회가 '구멍가게' 같은 단체를 감독해 왔다는 사실을 깨달았다. 그들은 단체의 효율과 효과를 한 단계 끌어올릴 필요를 느꼈다.

이는 서로 긴밀하게 연결되어 있으며 명확하고 일관성 있는 일련의 조치로 이어졌다.

- 모금 하드웨어, 소프트웨어, 절차 개선
- 행정 하드웨어, 소프트웨어, 절차 개선
- 사례 관리 하드웨어, 소프트웨어, 절차 개선
- 명단을 세분화한 후원자 데이터베이스 구축
- 사명 선언문 및 브랜드 이미지 선명화
- 기능 강화 및 서비스 대상자의 사생활 보호를 위한 실내 공간 리모델링

일관성 있는 이러한 조치는, 주로 자원봉사자로 구성된 이 소규모 조직이 2년 혹은 3년 동안 해야 할 일이다. 전략의 중핵을 개발할 때 이사회는 얼마나 관여해야 할까? 어떤 이사회는 이 과정에 반드시 참여하길 원할 것이고, 어떤 이사회는 개발을 시작할 때쯤 의견을 내고 개발이 끝날 때쯤 피드백을 제공하고 싶어 할 것이고, 어떤 이사회는 단체장과 실무진에게 이 과정을 위임하고 싶어 할 것이다. 연간 목표와 부서별 계획 등 더 세부적인 계획은 대부분 실무진에게 위임해야 한다.

어떤 조직에서든 중대한 변화를 일으킬 때는 기획자와 실행자가 같아야 한다는 게 일반 원칙이다.

전략이 모호할 수도 있다

가끔은 비영리 단체의 규모와 상관없이 전략이 명확할 수 있다. 타성에 젖어 수년간 설렁설렁 일하다 나간 단체장 때문에 허둥대는 비영리 단체의 이사회를 예로 들어 보자. 이제 이사회는 신임 단체장을 영입하고, 모금 시스템을 정비하고, 단체가 지역 사회에 제공할 수 있는 새로운 프로그램이나 서비스는 뭐가 있는지 파악할 전략이 필요하다. 어쩌면 정책 기반 거버넌스로 이사회를 업그레이드할 필요성을 인지할 수도 있다. 이사회는 신임 단체장과 함께 '큰 바위', 즉 우선순위를 명확히 이해하고 무엇을 해야 하는지 깨달을 수 있다.

어떤 경우에는 전략이 알쏭달쏭할 수 있다. 나는 조직의 난제를 산맥에 비유하곤 한다. 전략적 방향의 측면에서 조직은 산을 타고 넘어 갈 길을 찾을 수도 있고, 산을 통과하는 터널을 뚫을 수도 있고, 돌아서서 새로운 방향으로 향할 수도 있다. 어느 쪽을 선택하는 게 가장 좋은지 이사회에 알려 줄 견본이나 도구는 없다.

이것을 다리가 없는 강을 건너는 일에 비유하자면, 조직은 뗏목을 만들어서 뗏목을 타고 건널 수도 있고, 몇 마일 떨어진 곳에 있는 다리까지 차를 타고 갈 수도 있고, 비행기를 빌려서 날아갈 수도 있고, 헤엄쳐서 건널 수도 있고, 강이편에 그냥 머물 수도 있다. 어떤 집단이든, 가장 좋은 대안을 찾기 위해 가능한 모든 전략적 방향을 자유롭게 살펴보며 여러 선택지에 대해 철저히 논의해야 한다.

때로는 전략적 선택지를 만들기가 쉽지 않다. 다음은 이사회가 나아갈 길이 항상 명확한 것은 아니라는 사실을 보여 주는 몇 가지 사례 연구다.

아가페 입양 기관 Agape Adoption Agency 이 소규모 사회 복지 단체는 미국과 라틴아메리카 국가들 사이에서 해외 입양을 주선하는 일을 전문으로 해 왔다. 새로운 국제법이 발효되고 최근에 다른 나라의 법률까지 바뀐 탓에 해외 입양은 90퍼센트나 급감했다. 그들이 상대하는 나라 중 한 나라를 제외하고 전부가 자국 아동의 출국을 일시적으로 금지했다. 이 단체는 어떻게 해야 할까? 해외 입양을 더 열심히 해야 할까? 국내 입양으로 방향을 바꾸어야 할까? 지출을 줄이고 규제가 풀릴 때까지 기다려야 할까? 가족을 돕는 사회 복지 단체로 바꾸어야 할까?

캠프 워너비 Camp Wannabe 이 소규모의 초교파 캠프는, 어린이와 청소년을 위해 여름 캠프 프로그램을 제공하고 지역 교인들을 위해 주말 수양회를 열어 왔다. 그런데 지난여름 캠프 때 수용 가능 인원의 60퍼센트밖에 유치하지 못했다. 마케팅에 돈을 더 써 봐야 소용이 없다. 여름 내내 스포츠와 다른 활동으로 너무 바빠서 아이들이 캠프에 오지 못하는 것

같다. 이 캠프는 어떻게 해야 할까? 흥미진진한 새 프로그램을 만들어야 할까? 스포츠 캠프로 바꾸어야 할까? 브랜드 이미지를 높여야 할까? 근처에서 활동하는 '슈퍼 캠프'와 합병해야 할까? 노인들을 위한 자립 생활 캠프로 바꾸어야 할까? 개발업자에게 부동산을 매각하고 관련 사역에 자산을 투자해야 할까?

탈진자 협회 Exhausted Association 이 협회는, 회원들에게 봉사하기 위해 50년도 더 전에 설립된 소규모 비영리 단체다. 매년 컨퍼런스를 열고, 잡지를 발행하고, 웹사이트를 통해 다양한 자료를 제공한다. 그런데 최근 "단체가 회원들을 위해 한 게 뭐가 있냐?"고 따지는 회원이 점점 늘고 있다. 회원 수도 꾸준히 감소하고 있다. 이 단체는 어떻게 해야 할까? 회비를 올려야 할까? 지역 모임을 마련해야 할까? 온라인으로 더 많은 서비스를 제공해야 할까? 경쟁 관계에 있는 다른 단체와 합병해야 할까?

인스피레이셔널 퍼블리싱 Inspirational Publishing 이 회사는 대중적인 귀납적 성경 연구 교재와 기독교 소설을 출간하면서 1970년대와 1980년대에 빠르게 성장했다. 소형 기독교 서점들이 폐업하고 소매점들이 도산하는 와중에도 이 회사는 낙관적인 태도를 잃지 않으려고 애썼다. 그러나 상위 두 부문마저 매출이 폭락했다. 다른 대형 출판사들이 기독교 소설 분야에 진출하더니 인기 작가를 모두 데려간 것이다. 항상 서점을 통해 책을 팔아 왔기 때문에, 소규모 그룹과 성경 공부 리더들에게 어떻게 다가가야 하는지도 알지 못한다. 이 회사는 어떻게 해야 할까? 이메일 명단을 구축해서 소규모 그룹 리더들에게 직접 책을 팔아야 할까? 구글과 페이스북에 광고를 게재해야 할까? 귀납적 성경 연구에 관한 모든 자료를 저렴한 비용으로 온라인에서 이용할 수 있게 해야 할까? 자가출판을 지원하는 쪽으로 눈을 돌려야 할까?

제네릭 칼리지 Generic College 이 작은 사립 대학은 매년 학생을 충분히 유치하고, 등록금을 합리적인 수준으로 유지하기 위해 고군분투하고 있다. 요즘 부모들은 자녀들의 대학 진학에 대비해 학자금을 따로 저축하지 않는 편이다. 그러다 보니 학생들은 갈수록 학자금 대출에 엄청난 부담을 느끼고 불안해한다. 사람들은 이렇게 작은 학교에서 제공하는 교육에 그만한 돈을 낼 가치가 있는지 의문을 품는다. 이 학교는 어떻게 해야 할까? 온라인 학위 프로그램을 시작해야 할까? 더 많은 학생을 유치하기 위해 마케팅 회사와 제휴해야 할까? 더 많은 학생을 받기 위해 등록금을 낮추고 비용을 절감해야 할까? 돈 잘 버는 직장에 취직할 수 있는 학과에 집중해야 할까? 다른 대학과 합병해야 할까?

조직의 전략이 모호하게 느껴진다고 낙심하지 마라. 전략을 깔끔하게 정리하는 방법이 몇 가지 있다.

전략팀 구성하기

이사회가 전략 수립에 참여해야 할까, 아니면 전략 계획을 승인해 주기만 하면 될까? 어떤 조직에서든 전략팀을 구성하는 방법은 세 가지다. 이사회가 주도하는 방식, 실무진이 주도하는 방식, 특별대책본부가 주도하는 방식이 있다.

이사회 주도 이사회는 단체장과 함께 핵심 전략을 확인한 뒤 이를 실무진에게 전달하여 기획을 완료하는 방식으로 전략 수립 과정을 주도한다. 이런 경우, 이사회가 정책 수립 과정에 돌입할 때 실무진 의견을 먼저 듣는 게 이상적이다. 이사회는 관련 환경 변화에 관한 정보도 수집한다. 이 방식은 소규모 비영리 단체나 자원봉사자로만 구성된 단체에서 흔히 쓰는 방식이다.

실무진 주도 단체장은 실무진과 함께 핵심 전략을 확인한 뒤, 나머지 기획 과정을 마무리하기 전에 이사회에 승인을 요청하는 방식으로 전략 수립 과정을 주도한다. 이런 경우, 단체장이 정책 수립 과정에 돌입할 때 이사회 의견을 먼저 듣는 게 이상적이다. 이 방식은 규모도 더 크고 더 복잡한 비영리 단체에서 흔히 쓰는 방식이다.

특별대책본부 주도 단체장이 이사 몇 명, 핵심 실무자 몇 명, 외부 전문가 몇 명으로 구성된 특별대책본부를 꾸린다. 대책본부는 공식 권한은 없지만 모든 관점을 통합하고 앞으로 나아갈 길을 제안하는 역할을 맡는다. 대책본부는 온갖 곳에서 의견을 구하고 실무진과 이사회에 피드백을 요청한 뒤, 이사회 승인을 받기 위해 최종 문서를 작성한다.

문제는 조직의 전략을 누가 결정해야 하는가가 아니다. 비영리 단체는 위에서 설명한 세 가지 방식 중 하나를 택해서 전략을 결정할 수 있다. 핵심은, 어떤 방식을 선택하든 전략 수립 과정이 모두 끝나면 이사회와 실무진이 뜻을 같이해야 한다는 것이다.

전략 수립 과정 결정

전략팀을 정한 뒤에는 전략 수립 과정을 결정할 필요가 있다. 조직이 직면한 상황에 따라 이 과정은 짧고 간단할 수도 있고, 길고 복잡할 수도 있다.

첫째, 계획 기간과 범위를 정해야 한다. 일반적으로 1년 계획, 3년 계획, 5년 계획, 10년 계획으로 나눌 수 있다. 소규모 단체는 기간이 짧은 쪽을 지향한다. 격동하는 환경에서는 규모와 상관없이 모든 단체가 짧은 쪽을 지향한다. 반대로 안정적인 단체는 기간이 긴 쪽을 지향한다. 공직 선거와 같이, 관련 환경에서 발생하는 중요한 사건에 맞춰서 계획 기간을 정할 수도 있다. 전략 수립의 범위에는, 조직이 분석 단계에서 수집할 데이터의 양과 타협할 수 없는 사안들을 결정하는 일이 포함된다.

둘째, 실무진과 그 밖의 이해 관계자들에게 어디까지 공개하는 것이 가장 좋을지 투명성의 수준을 정해야 한다. 이해 관계자들에게 광범위하게 의견과 피드백을 구할 수도 있고, 정책 수립 과정을 공개하지 않을 수도 있다. 과거에 있었던 일로 실무진과 이사회가 서로 신뢰하지 못한다면, 단체는 좀 더 공개적인 방식을 선택할 수 있다. 비영리 단체가 파산과 정리 해고를 막기 위해 노력하고 있다면, 쓸데없이 공포에 빠져 허둥대지 않도록 좀 더 비공개적인 방식을 선택할 수 있다.

셋째, 정책 수립 과정을 몇 단계로 할지 정해야 한다. 여기에는 실무진 의견 수렴, 후원자 의견 수렴, 환경 조사, 분석 회의, 기초 전략 수립 회의, 이사회에 피드백 요청, 실무진에게 피드백 요청, 최종 전략 수립 회의, 이사회 승인을 위해 전략안 제출, 승인받은 전략을 실무진에게 전달하여 좀 더 세부적인 계획 수립 등이 포함된다. 단체는 하루 만에 끝낼 수 있는 간단한 과정을 선택할 수도 있고, 몇 주에 걸쳐 회의를 여러 번 해야 하는 정교한 과정을 선택할 수도 있다.

예를 들어, 미국 동부 해안에 자리한 대규모 비영리 단체의 관리팀은 좀 더 정교한 과정이 자기네 상황에 가장 적합하다고 보았다. 경영진과 실무진 간의 신뢰 문제 때문에,

실무자 300명 전원에게 의견을 구하는 일부터 시작하기로 했다. 5개 센터의 사람들을 10개~20개 그룹으로 나누어 내가 면담하기로 했다. 우리는 7가지 개방형 질문지를 만들어 잘되고 있는 점, 개선해야 할 점, 조직이 해야 한다고 생각하는 일에 대한 실무진의 의견을 청취했다. 결국, 실무진의 50퍼센트 이상이 그룹 중 하나에 참여했다. 그다음에 우리는 모든 답변을 하나도 편집하지 않고 그대로 모아서 실무자 전원에게 이메일로 보냈다. 각자 자기가 했던 답변이 그대로 정확히 실려 있는 것을 확인하였고, 관리팀이 자기들 입맛에 맞게 정보를 임의로 선택하지 않았다는 사실을 누구나 알 수 있었다. 첫 번째 단계만으로도 관리팀에 대한 신뢰도가 높아졌고, 변화가 필요하다는 절박감도 함께 상승했다.

  그다음에 그들은 환경 심층 조사를 시행하기로 했다. 지역 경제, 주州 규정, 주요 사회 동향, 마리화나 합법화, 후원자들의 관심사 등을 포함하여 환경 심층 조사를 실시했다. 우리는 신중하게 실무진을 선별해서, 세 명씩으로 구성된 팀에 각각의 주제를 배분했다. 동료 집단이 주는 압박감이 효과를 발휘했고, 각 팀에서 나온 보고서는 전문 조사 기관에서 내놓을 법한 보고서 같았다.

  그 후, 우리는 첫 번째 회의를 열었다. 특별대책본부에는 최고 관리팀원과 전문성을 갖춘 핵심 실무자 몇 명이 참여했다. 이사들은 부르지 않았다. 우리는 관련 환경과 조직 내부에서 일어나는 일에 대한 분석을 마쳤다. 그런 다음, 도전 과제와 지도 정책, 핵심 계획의 초안을 작성했다.

우리는 피드백을 받기 위해 이사회에 전략 초안을 제출했다. 몇 가지 사소한 부분을 수정한 뒤, 실무자 전원에게 초안을 나누어 주고 이메일로 단체장에게 직접 피드백을 할 수 있게 했다. 그리고 실무진이 보낸 이메일을 모두 취합하여 전략팀에게 보냈다. 그 후, 우리는 진단, 지도 정책, 핵심 계획을 다듬기 위해 두 번째 회의를 열었다. 그리고 최종 승인을 받기 위해 이것을 다시 이사회에 제출했다.

그다음에 단체 차원과 부서 차원에서 연간 목표와 목적을 세우도록 핵심 전략을 실무진에게 전달했다. 그리고 분기별로 진행 상황을 추적하고 필요에 따라 전략을 조정하도록, 핵심 계획 대시보드(중요한 보고서와 측정 항목의 개요 위젯을 모아 놓은 페이지. 여러 측정 항목을 한 번에 모니터할 수 있어서 성과나 보고서 간의 상호 관계를 빠르게 파악할 수 있다-옮긴이)를 만들었다. 이후는 분기별 회의에서 일어나는 일이다.

전략 검토

어떤 장기 계획안도 시간이 지나면 구식이 되는 법이다. 주기적으로 검토해야 장기 계획을 최신 상태로 유지할 수 있다. 그러나 검토 주기는 비영리 단체마다 다를 것이다.

어떤 비영리 단체는 분기마다 전략을 검토하여 유익을 얻는다. 규모가 큰 조직은 재무 보고를 보통 분기별로 취합하기 때문이다. 일반적으로 교회와 그 외 조직의 경우, 주기적 검토는 일 년에 세 번을 의미한다. 봄에 한 번, 여름에 한 번, 가을에 한 번. 학교의 경우에는 가을 학기와 봄 학기를 대비한 계획을 의미한다. 많은 소규모 비영리 단체의 경우에는 연례 전략 계획 회의를 의미한다.

일반적으로, 전략 검토 회의는 전술적 안건이 의제에 포함되지 않은 회의다. 이사회만 모일 수도 있고, 실무진만 모일 수도 있고, 특별대책본부만 모일 수도 있다. 이 회의에서는 일반적으로 다섯 가지 질문을 다룬다.

1. 어떤 일이 일어나기로 되어 있었나?
2. 실제로 어떤 일이 일어났나?
3. 무엇이 잘되었고, 잘된 이유는 뭔가? 무엇을 어떻게 개선할 수 있나?
4. 전략을 어떻게 조정해야 할까?
5. 이다음 기간에는 어떤 일이 일어나야 하는가?

이 질문들은 미군이 조직의 학습 및 지속적인 개선을 위해 개발한 사후조치검토After Action Review, AAR 과정에 들어 있는 질문이다. 모든 비영리 단체는 이 기법을 활용하여 조직의 전략을 최신 상태로 유지할 수 있다.

관리형 이사회, 협력형 이사회, 항해형 이사회 모두 전략적일 수 있지만, 방식은 저마다 다르다.

관리형 이사회와 전략 수립

조직을 블랙박스에 비유하자면, 관리형 이사회는 관련 환경에서 벌어지는 일을 계속 주시할 뿐만 아니라, 블랙박스 안에서 일어나는 일에 대한 주요 결정을 내린다. 관리형 이사회는 전략 차원과 관리 차원 양쪽에서 행동에 나설 수 있지만, 당면한 관심사와 운영 현안으로 인해 전략에 집중하지 못하는 경향이 있다.

관리형 이사회는 전략 계획 과정을 실무진에게 위임하기보다는 직접 주도하곤 한다. 이사들 숫자가 적으면 이사회 전체가 이 과정에 참여하고, 이사들 숫자가 많으면 이 작업을 수행할 위원회를 구성할 수 있다. 또한 관리형 이사회는 단체장과 함께 연간 목표 또는 목적을 정하는 일에 참여하고 싶어 할 수도 있다. 때로는, 이사회가 연간 목표를 세우지 않으면 누구도 그 작업을 하지 않기 때문이다.

한 가지 함정은, 관련 환경이 변했으므로 소소한 조정

이 아니라 중대한 변화가 필요하다는 사실을 이사회가 깨닫지 못하고 조직을 바로잡는 데 집착한다는 점이다. 예를 들어, 수요 부족으로 실패한 프로그램은 중단하고 새로운 프로그램이나 서비스를 고안해야 할 수도 있다.

또 다른 함정은, 이사회가 운영에 초점을 맞추느라 조직 밖에 있는 현재 서비스 대상자, 과거 서비스 대상자, 후원자, 그 밖의 지역 사회 지도자들에게 의견을 구하지 않는다는 점이다.

협력형 이사회와 전략 수립

조직을 블랙박스에 비유하자면, 협력형 이사회는 블랙박스 안에서 일어나고 있는 일을 감독하고, 전략보다는 목적 정책에 초점을 맞추는 경향이 있다. 그들은 단체에 장기 전략 계획이 있는지 확인하고 싶어 하지만, 이사회의 정식 승인을 받으라고 단체장에게 요청할 수도 있고 안 할 수도 있다. 협력형 이사회는 전략 수립 과정에 의견을 내고 싶어 할 수도 있고 그러지 않을 수도 있다. 아마도 그 이유는 단체 활동이 복잡하고 상대적으로 전문성이 부족하기 때문일 것이다.

전략 계획에 관여하지 말고 목적 정책에 집중해 달라고

단체장이 이사회에 요청하기도 한다. 단체장은 전략 계획이 '수단'을 다루므로, 이사회가 아니라 단체장의 영역이라고 주장할 수 있다. 한편, 세부적인 전략 계획에 관여하지 않는 것에는 이사회가 동의하더라도 상위 전략 수립 과정에는 참여하고 싶어 할 수 있다. 상위 전략 수립은 결과 달성과 매우 밀접한 연관이 있기 때문이다.

협력형 이사회는 전략 수립 과정에 이사회가 반드시 참여하겠다고 요구할 수도 있고, 단체의 전략에 대해 반드시 이사회의 승인을 받으라고 요구할 수도 있다. 어느 쪽이든, 이사회는 목적을 향해 나아가는 데만 집중하고 운영 계획을 세우는 과정에는 관여하지 않도록 주의해야 한다.

항해형 이사회와 전략 수립

조직을 블랙박스에 비유하자면, 항해형 이사회는 전략 수립에 지대한 관심을 기울일 것이다. 신생 비영리 단체든 오래된 비영리 단체든, 항해형 이사회는 단체장과 협력하여 앞으로 나아갈 최고의 방법을 알아내고 싶어 할 것이다.

효과성이 높은 항해형 이사회에는 단체장보다 전략 수립 경험이 더 많거나 업계에 대한 지식이 더 풍부한 이사들이 있다. 그들은 합병이나 인수를 진행해 본 경험이 있을 수도 있고, 과거에 어려운 결정을 내려야 했을 수도 있다. 때문에 그들은 단순히 조언하기보다는, 단체장과 한 팀이 되어 앞으로 나아갈 최고의 방법을 모색한다. 항해형 이사회는 일상적인 안건을 처리하는 데 시간을 많이 들이지 않고 당면한 전략적 질문으로 재빨리 넘어가는 경향이 있다. 그들은 블랙박스 안에서 일어나는 일을 어떻게 개선할지보다는 블랙박스를 어디로 옮길지, 블랙박스를 어떻게 뜯어고칠지를 더 많이 생각한다.

모든 항해형 이사회가 빠지기 쉬운 함정은, 전략을 결정하고 나서 샛길로 빠져 전략 실행을 관리한답시고 관리형 이사회의 역할을 하는 것이다. 블랙박스 뚜껑을 닫아 둔 채 모든 관리를 단체장에게 위임하는 것이 항해형 이사회의 효과성의 비결이다.

모든 이사회는 전략과 관련하여 조직에 크게 이바지할 잠재력도 있지만, 자금을 조달하고 새로운 수입원을 개발하는 데 크게 이바지할 잠재력도 있다.

9장

기금 모금과 이사회 역할

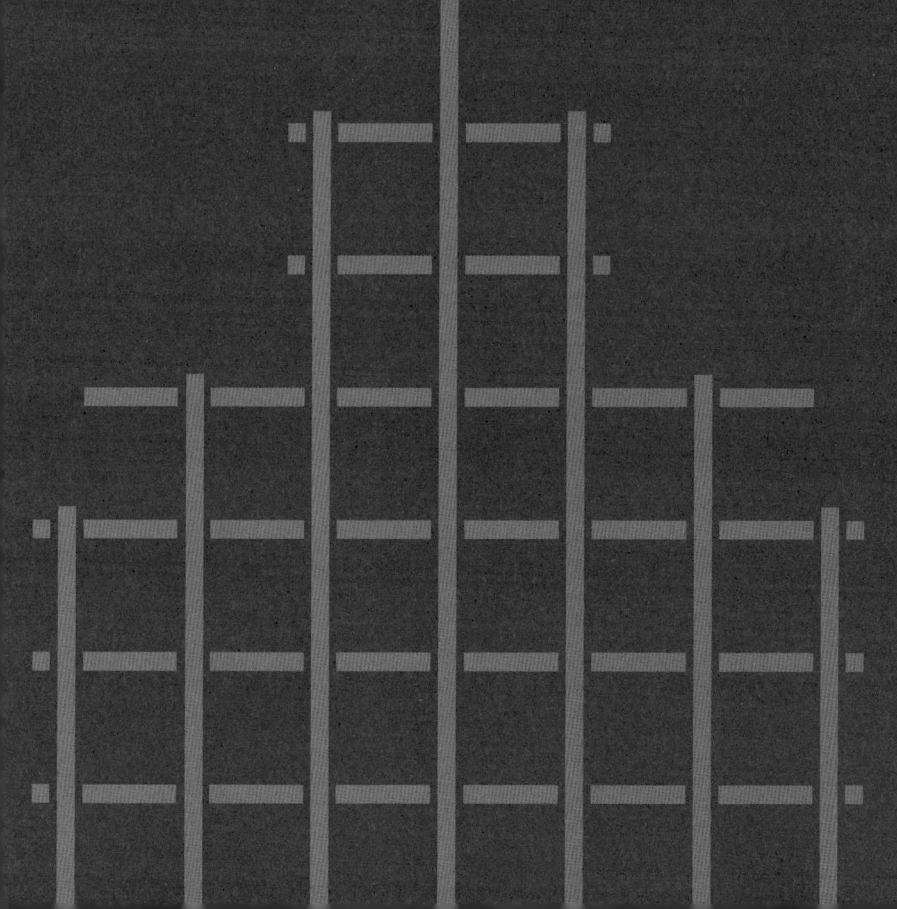

MAXIMIZING BOARD EFFECTIVENESS

어떤 단체장도 회의 때 신임 이사로부터 "그러니까 지금 내가 모금 활동을 도와야 한다는 말입니까?"라는 말을 듣고 싶어 하지는 않는다. 비록 입 밖으로 내지는 않아도 많은 신임 이사가 이와 비슷한 반응을 보인다. 만약 비영리 단체에서 이사들 개개인이 모금 활동을 도와줄 것으로 기대한다면, 이사 후보자들은 이사 영입이 진행될 때 이 사실을 알고 있어야 한다. 아무것도 모른 채 이사회 회의에 참석해서는 안 된다는 말이다.

이사회가 기금 모금에 어떻게 관여해야 하는지와 관련해서는 많은 혼란이 있다. 가끔은 기대 사항이 명확하지 않다. 어떤 사람들은 모금이 이사회의 일차적 책임이고, 이사회의 첫 번째 임무는 운영에 필요한 적절한 자금을 확보하는 것이라고 말한다. 또 어떤 사람들은 모든 이사가 상당한 돈을 기부해야 한다고 말한다. 그런가 하면 또 어떤 사람들은 이사들에게 모금 활동을 기대해서는 안 된다고 굳게 믿는다.

거버넌스와 모금

어떤 조직이든 자금 확보가 중요한 건 분명하지만, 기금 모금이 거버넌스의 대표 업무는 아니다. 그것은 비영리 단체에서 자원봉사자로 일하는 것과 같은 활동이다. 그렇다고 이사들이 개인적으로 기부하거나, 기부금 확보에 도움 주는 것을 금하지는 않는다.

엄밀히 말하면, 기금 모금은 거버넌스의 기능이 아니라고 존 카버는 설명한다. 그러나 이사회가 모금 활동을 지원하기로 결정하면, 모든 이사에게 이를 기대할 수 있고 정책 설명서에도 추가할 수 있다. 마찬가지로, 이사회는 모든 이사가 정기적으로 현장에서 자원봉사 하기를 기대한다는 점을 명시할 수 있다. 여기에는 문맹 퇴치 단체에서 학생을 가르치거나, 동물 구조 단체에서 우리를 청소하는 등의 자원봉사 활동이 포함된다. 이러한 의무는 큰 의미가 있지만, 거버넌스를 대표하는 중요한 업무는 아니다.

모금이사회

설상가상으로 어떤 그룹은 당당하게 모금이사회를 자처한다. 재정 수요가 워낙 커서, 거버넌스 임무는 매우 신속히 처리하고 대부분의 시간과 에너지를 운영과 성장에 필요한 자금을 마련하는 데 쏟기 때문이다.

규모가 큰 대학이나 박물관처럼 이미 확실하게 자리를 잡았거나 역사적으로 중요한 단체도, 거버넌스 업무보다는 기부금을 끌어 모으거나 모금 캠페인을 벌이는 데 시간과 에너지를 더 쏟는다. 더러는 거액을 기부할 가능성이 있는 사람들만 이사회에 영입할 수도 있고, 이사직을 수락하기 전에 의무적으로 상당한 액수의 기부금을 내야 할 수도 있다. 그들은 협력형 이사회보다는 모금협의회와 더 비슷한 기능을 하는 것이다. 이러한 이사회는 자기들이 모금에 집중하는 동안, 거버넌스 업무를 대부분 맡아서 처리해 줄 집행위원회나 거버넌스위원회를 둘 수도 있다.

위기 상황에서는 어떤 이사회든 재정 구멍을 메우느라 녹초가 되어, 그 외 조직의 다른 부분을 감독하는 데 소홀할 수 있다. 그들은 새로운 후원자와 새로운 수입원을 찾는 데 집중한다. 스스로 모금이사회를 자처하지는 않을지라도, 일시적으로 모금이사회처럼 행동한다.

때에 따라서는 모금 업무에 집중할 위원회나 별도의 보

조 단체를 만드는 게 더 깔끔할 수 있다. '(단체)의 친구들', '(대의)를 위한 블루리본위원회', '(대통령) 자문위원회' 같은 보조 단체나 저명한 협회가 대표적인 예다. 이런 보조 단체는 법적으로 이사회 산하 위원회로 설립되어 이사회의 지휘를 받는다. 더러는 별도의 재단으로 설립되기도 하지만, 기본적으로 추구하는 대의는 같다. 이들 그룹은 거버넌스 업무에 대한 걱정은 내려놓고 모금 업무에 마음껏 집중할 수 있다. 보통 이사회에는 경험이 가장 풍부한 사람들을, 보조 단체에는 영향력이 가장 큰 후원자들을 영입한다.

    때로 단체장과 개발 책임자는 이런 별도의 보조 단체를 만드는 걸 꺼린다. 그들은 자기들이 영입하려는 사람들이 당연히 명망 있는 공식 이사회의 일원이 되고 싶어 하리라고 추측한다. 하지만 바쁜 사람들이 이사회 업무에 성실히 임한다는 것은, 곧 원치 않는 많은 일에 매여야 한다는 뜻이기도 하다. 게다가 저명한 협회와 같은 보조 단체도 얼마든지 꽤 명망 높은 집단이 될 수 있다.

영향력과 부

    모금 업무에 모든 이사가 참여하길 원하면, 이사회는 세 가지 부분에서 이사 개개인에게 기대하는 바를 명확히 정해야 한다. 이사들은 부富를 통해서만이 아니라 영향력을 통해서도 단체에 이바지할 것이 많다. 이사회가 관리형인지, 협력형인지, 항해형인지는 중요하지 않다. 이사회는 모든 이사에게 기부, 소통, 협력을 요청할 수 있다.

기부 이사회는 "모든 이사가 기부금을 내길 바란다"고 이사들에게 기대하는 바를 밝힐 수 있다. 비영리 단체가 사람들에게 기부를 요청하는 자선 단체인데, 이사들 가운데 일부가 자기들이 감독하는 단체에 기부금을 내지 않으면 대단히 부정적인 영향을 끼칠 수 있다. 기부 액수에 대한 기대치는 '연간 최소 몇 달러 이상'과 같은 형식으로 표현할 수 있다. 법률에 구애받지 않고 이사들을 '적극적인 후원자', '후한 기부자', '등록 후원자'로 칭할 수도 있다.

어떤 단체에서는 단체장이나 개발 책임자가 이사 개개인과 따로 만나서 한 해 동안 얼마를 기부할지 논의하기도 한다. 이사장은 이사회와 다른 단체와 함께 공개 토론을 열고, 특정 날짜까지 기부금을 모두 완납해 달라고 요청할 수도 있다. 이사들은 솔선수범하여 개별적으로 기부금을 낸다. 이런 솔선수범을 통해 이사들은 용기를 얻고 다른 두 가지 방식으로도 단체에 이바지하게 된다.

소통 이사회는 "이사들이 다양한 방식으로 대의나 조직을 위해 목소리를 내길 바란다"고 이사들에게 기대하는 바를 밝힐 수 있다. 이 일은 사람들을 직접 만나서 할 수도 있고 소셜 미디어 채널을 이용할 수도 있다. 이사들은 기도, 자원봉사, 소식지 구독, 특별 행사 참석 등을 사람들에게 요청할 수 있다.

평소처럼 대화를 나누다가 생기는 기회를 이용할 수도 있지만, 그 외에도 자원해서 다른 단체를 방문하거나 지역사회 지도자들을 개별적으로 만나 단체가 이루어 낸 일에 관해 이야기를 나눌 수 있다.

협력 이사회는 "이사들이 단체장이나 개발 부서와 협력하여 연락처 목록을 작성하길 바란다"고 이사들에게 기대하는 바를 밝힐 수 있다. 이사들은 특별 행사를 위해 예비 기부자 또는 후원자 명단을 공유할 수 있다. 개인 약속을 잡거나, 잠재적 서비스 대상자와 실무진을 소개하는 이메일을 보내거나, 후속 작업을 수행할 개발 책임자의 이름과 연락처를 단순히 공유하는 방식으로 이런 연줄을 만들 수 있다.

또한, 이사들은 후원자 육성 과정에도 참여할 수 있다. 후원자 개발 과정의 약 90퍼센트가 육성이다. 이사들은 특별 행사에 예비 기부자를 초대할 수도 있고, 개발 책임자와의 약속에 동석시킬 수도 있다. 기부금을 요청하는 일은 개발 과정의 10퍼센트밖에 되지 않는다.

기부를 요청하지 마라

모금을 도울 때 이사들이 가장 두려워하는 일이 기부 요청이다. 기부를 요청할 필요가 없다고 이사들에게 말하라. 그것이 이 문제를 해결하는 가장 간단한 방법이다.

고액 기부자에게 후원을 요청하는 일에 관한 한 이사들 대다수가 훈련받지 않은 자원봉사자다. 이사들은 대화 도중 감정이 북받쳐 목이 메는 경향이 있다. 그러니 이사들에게 기부 요청이라는 부담을 지우지 마라. 이사들은 예비 기부자들의 명단을 제공할 수도 있고, 약속을 잡을 수도 있고, 모임에 참석해서 단체에 대한 열정을 나눌 수도 있지만, 대부분 기부 요청은 어려워한다. 예비 고액 기부자가 얼마를 기부해야 할지를 이사들이 정해서는 안 된다. 이사들은 대개 액수를 낮게 잡는다. 그러니 그 일은 전문가에게 맡겨라. 이를 통해 기부 요청을 거북해하는 이사들을 안심시켜라. 이사들은 기부하고 소통하고 단체장 또는 개발 책임자와 협력하는 일에 더 적극적으로 임하게 해야 한다.

베푸는 문화

조직 전체, 그러니까 이사회, 실무진, 서비스 대상자, 후원자 전반에, 베푸는 문화를 만드는 것이 이사회가 개발에 더 많이 참여하고 더 많은 기부금을 확보하는 열쇠다. 조직 전체에 베푸는 정신을 불어넣어라. 이사회는 기금 조달을 필요악으로 취급해서는 안 된다.

이상적이게도, 대부분의 단체가 욕심 대신 감사가 특징인 조직 문화를 원한다. 이런 문화는 변화된 삶의 이야기를 나누고, 공통된 가치관을 중심으로 사람들이 모임으로써 만들 수 있다. 단체는 새로운 후원자와 자원봉사자를 유치하는 간단한 방법이나 명확한 진입로가 필요하다.

이사회에 이미 모금위원회가 있다면, 이 위원회의 목적은 모든 업무를 처리하는 것이 아니라 기부하고 소통하고 협력하는 법을 모든 이사가 이해하도록 돕는 것이어야 한다.

다양한 모금 방법

이사회는 현재 쓰이는 다양한 모금 전략을 검토함으로써 조직에 크게 이바지할 수 있다. 어떤 단체는 광고 우편물에, 어떤 단체는 특별 행사에, 어떤 단체는 고액 기부자 육성에 주로 의존한다. 모금 방안에는 약 십여 가지 범주가 있는데, 모든 단체는 자기에게 가장 잘 맞는 조합을 찾아야 한다.

너무도 많은 단체들이 수년 동안 같은 방식으로 같은

일을 해 왔다. 그런가 하면, 효과가 있다는 누군가의 말에 새로운 방안을 추가하는 단체도 있다. 이사회는 자금원과 모금 방법에 대해 생산적인 질문을 던져서 조직이 모금 조합을 세밀하게 조정하도록 도울 수 있다.

모든 자선 비영리 단체는 기부자가 접근할 방법, 그 방법의 다양한 단계, 이 단계에서 다음 단계로 이동할 때 사용할 방안을 규정해야 한다. 예를 들어, 다음과 같은 단계가 있을 수 있다.

친구/예비 기부자 → 최초 기부/연락처 정보 → 두 번째 기부 → 비정기 기부자 → 정기 기부자 → 고액 기부자

기부에 관심 없던 사람이 처음 기부를 하도록 돕는 작전은, 정기 기부자를 고액 기부자로 만드는 데는 도움이 되지 않는다. 모든 단체는 자기에게 맞는 작전을 고안해야 한다. 어떤 단체에는 잘 맞는 작전이 다른 단체에는 통하지 않을 수 있기 때문이다. 예를 들어, 보조금 신청과 계획 기부는 많은 단체가 접근할 수 없는 작전이다. 다음은 모든 단체가 활용할 수 있는 종류의 모금 방안들이다.

디지털 명단을 세분화해서 이메일을 발송하고, 웹사이트를 운영하고, 소셜 미디어를 활용하는 방법이 이 범주에 포함되는데, 하루가 다르게 변하는 특성이 있다. 페이스북

또는 구글에 광고를 게재하거나, 웹사이트에 배너 광고를 싣거나, 문자 메시지를 이용해 즉시 소액을 기부하게 하거나, 우편물 수신자 명단에 이름을 올리게 하는 방법도 있다. 크라우드펀딩 전용 앱을 활용할 수도 있다. 디지털 전술은 새로운 기부자와 소액 기부자를 확보하는 데 효과적인 편이다. 그러나 트위터를 활용한다고 해서 갑자기 비영리 단체의 미래가 보장되지는 않는다.

현물 기부 개인이나 기업에 제품이나 서비스를 기부해달라고 요청하는 것이다. 중고 책상과 의자 같은 사무용품, 입찰 경매 같은 특별 행사에 필요한 물품, 아기 담요와 일회용 기저귀 등 서비스 대상자에게 필요한 물품 등을 기부받을 수 있다. 중고차 같은 일부 현물은 현금으로 바꿀 수도 있다.

연례 기부 운동 단체 운영비나 프로그램 운영비를 충당하기 위해 여는 연례행사나 캠페인이 이 범주에 포함된다. 학교에서는 시청각 장비와 교육 용품을 마련할 비용을 충당하기 위해 매년 가을에 기부 행사를 열 수 있다. 어떤 단체에서는 자금을 조달하고 새로운 후원자를 확보하기 위해 전화를 이용한 모금 캠페인을 벌일 수도 있다. '기빙 튜즈데이Giving Tuesday'는 블랙 프라이데이Black Friday, 스몰 비즈니스 새러데이Small Business Saturday, 사이버 먼데이Cyber Monday에 이어 최근 많은 단체가 연례 기부 운동을 동시에 추진하는 방법으로 부상했다.

특별 행사 실무진과 자원봉사자들이 더 많은 시간을 들여야 하는 방법으로, 연회, 하우스 파티, 걷기 대회, 자전거 대회, 골프 토너먼트, 입찰 경매, 세차 (또는 술집 순회) 등이 포함된다. 이런 행사는 친구들을 단체의 활동에 참여시키고, 새로운 기부자를 확보하고, 기금을 모으는 데 효과적으로 활용할 수 있다. 시간이 지나면서 효과가 떨어지거나 심지어 돈을 더 쓰게 된다면, 행사 종류를 바꾸거나 모금 정책을 바꾸어야 할 때다.

후원자 모집 매월 또는 매년 정기적으로 기부하기로 약속한 후원자들이 이 범주에 포함된다. 외국 아동을 후원하거나 선교사를 후원하는 것이 대표적인 예다. 단체는 매월 편지나 이메일 메시지를 통해 후원자와 연락한다. 후원금은 수표를 써서 우편으로 보내거나 자동 이체 방식을 이용한다.

고액 기부자 일정 금액 이상의 기부가 이 범주에 포함된다. 거액의 기준은 비영리 단체마다 천차만별이다. 대규모 비영리 단체는 고액 기부자를 여러 단계로 세분하는 편이다. 예를 들면, 고액 기부자와 거액 기부자로 나눌 수도 있다. 고액 기부자 관리의 90퍼센트는 육성이고 10퍼센트는 활성화다. 비영리 단체는 이 범주에 속한 사람들만을 위해 저명한 협회를 만들거나 워크숍을 열 수도 있다.

보조금 재단, 기업, 정부에서 나오는 돈이 이 범주에 포함된다. 보조금 신청 서류를 작성하는 전문가를 따로 고용해야 할 정도로 보조금 확보 절차는 매우 번잡한 편이다. 보조금을 지급하는 단체는 프로그램 계획서, 과거 성과에 대한 증거 자료 등 광범위한 서류를 요구한다.

계획 기부 유언장, 자선잔여신탁CRT, 연금, 생명 보험, 기부자조언기금DAF을 비롯한 모든 재산 계획 기부가 이 범주에 포함된다. 기부자를 도우려면 보통 변호사나 재무설계사에게 자문을 구해야 한다. 이런 방안은 지역 사회에 기반을 둔 소규모 비영리 단체보다는, 규모도 크고 더 안정적인 비영리 단체가 주로 활용하는 편이다.

모금 캠페인 시설을 건축 또는 개조하거나, 기부금을 조성하거나, 부채를 상환하기 위해 정해진 시간 안에 많은 자금을 조달하고자 조직적으로 움직이는 활동이 이 범주에 포함된다. 보통은 3년에서 5년 단위로 캠페인을 계획한다. 해당 기간 내에 일정 금액을 기부해 줄 것을 후원자에게 요청한다. 많은 비영리 단체가 캠페인을 관리하기 위해 외부 컨설턴트를 고용하여 도움을 받는다. 이런 방법은 가볍게 시도해서는 안 된다.

이사회는 현재 활용하고 있는 모금 방법과 이상적인 조합에 대해 질문함으로써 조직에 크게 이바지할 수 있다. 모든 조직은 저마다 독특한 모금 정책 조합을 고안하고 진행 상황을 계속 검토하여, 참신하고 효과적으로 자금을 조달하기 위해 노력해야 한다.

광고 우편물에 지나치게 의존하고, 고액 기부자 관리 계획이 없고, 신규 기부자 확보 계획이 부족하고, 기적처럼 기부금이 당도하길 바라는 안일함은, 비영리 단체가 흔히 저지르는 실수다. 올바른 모금 정책 조합을 찾기 위해 취하는 방안들은 이사회 유형에 따라 달라진다.

관리형 이사회

모금과 관련하여 관리형 이사회는 블랙박스 뚜껑을 열고 수입과 지출을 따져 보는 편이다. 수입과 지출의 균형이 맞지 않으면, 비용을 절감할 방법을 먼저 찾고 수입을 늘릴 방법은 나중에 찾는다.

위기 상황에서 관리형 이사회 이사들은 새로운 행사를 개최하는 아이디어를 제안하고, 때로는 그 행사를 준비하기 위해 직접 자원하기도 한다. 이를 위해 위원회를 구성할 수도 있고, 자원봉사자로서 단체장을 돕겠다고 나설 수도 있다. 이들은 기존 행사나 모금 활동을 돕는 경향이 있다. 관리형 이사회는, 모금과 관련하여 이사가 해야 할 일, 즉 이사에게 기대하는 바를 이사 직무 설명서에 명확히 밝혀야 한다.

협력형 이사회

모금과 관련하여 협력형 이사회는 블랙박스에 들어오는 자원과 블랙박스에서 내놓는 결과를 살펴보는 편이다. 이사들은 운영에 관여하거나 사소한 부분까지 일일이 참견하지 않으려고 애쓰면서, 자금원과 모금 방안에 대해 질문한다.

위기 상황에서 협력형 이사회 이사들은 단체장을 격려하고 지지하는 경향이 있고, 기존 후원자들에게 전화하거나 직접 만나거나 새로운 후원자를 소개하는 방식으로 도움을 준다. 이사회는 자금원과 관련하여 비용에 관한 조항을 목적 정책에 더 명확하게 기술하기도 한다. 조직의 브랜드를 해치거나 다른 방식으로 조직을 위험에 빠뜨릴 수 있는 모금 활동은 제한 정책으로 단속하기도 한다. 예를 들어, 자전거 대회나 세차, 이메일 목록 대여, 피자 세트나 기타 음식 판매를 금지할 수 있다. 이사들이 지역 주민이면 자원하여 특별 행사를 돕기도 한다.

모금 활동과 관련하여 이사들에게 기대하는 바는 이사회 정책 설명서 거버넌스 과정 항목에 들어가야 한다.

항해형 이사회

모금과 관련하여 항해형 이사회는 블랙박스 안에서 일어나는 일에는 신경을 덜 쓰고, 모금이 더 쉬워지도록 전체 시스템을 바꾸는 일에 더 신경 쓸 것이다. 이들은 자금원을 조사하고, 무엇이 변하고 있는지에 주목하고, 조직에서 활용하는 모금 방법이 관련 환경과 어울리는지 분석할 것이다. 예를 들어, 몇 년 전까지는 새로운 후원자를 유치하기 위해 광고 우편물에 크리스마스 장식을 끼워 주는 방법이 통했지만, 이제는 그 방법이 통하지 않는다. 연례 모금을 위한 가을 만찬이 과거에는 그 어떤 방법보다 효과가 있었지만, 지금은 돈만 잡아먹을 뿐이다.

항해형 이사회는 언제 나타날지 모르는 새로운 자금원이나 새로운 모금 방법을 주시한다. 변화하는 상황에 주의를 기울이고 새로운 기회를 주시한다. 예를 들면, 과거에 찾아보지 않았던 수익원에 대한 새로운 아이디어를 제안할 수도 있다.

위기 상황에서 항해형 이사회는 효과가 없는 방법은 정리하고, 현재 상황에 맞는 새로운 모금 방안을 찾는 편이다. 이들은 비생산적인 행사는 빨리 포기한다. 그리고 자기들이 지금 무얼 하고 있는지 확인하기 위해 비슷한 다른 단체를 살피는 편이다. 어떤 방법이 효과가 있는지 보기 위해, 몇 가지 방안을 실험해 보라고 단체장에게 요청하기도 한다.

항해형 이사회는 모금과 관련하여 이사들에게 기대하는 바를 설명할 필요가 없다. 이사들은 단체가 지속 가능한 방법으로 사명을 수행해 나갈 수 있도록 모금 시스템을 바꾸기 위해 본능적으로 노력할 것이다. 예를 들어, 수익원을 다각화할 수도 있고, 서비스 제공 수수료를 도입하거나 인상할 수도 있고, 단체 혁신을 위해 일회성 보조금을 신청할 수도 있다.

요약하자면, 엄밀히 말해서 모금은 거버넌스의 기능이 아니다. 그러나 자기가 감독하는 단체에 열정을 품고 있는 이사들은 자연스럽게 개인적으로 기부도 하고, 다른 사람들에게 단체에 관해 이야기도 하면서, 실무진의 모금 활동을 돕고 싶어 할 것이다. 효과성이 높은 이사회는 이사들이 모금 업무에 어느 정도 관여할지를 정하고, 직무 설명서나 이사회 정책 설명서에 이사들에게 기대하는 바를 명확히 밝힌다.

가끔 불거지는 역기능적 행동은 이사회가 단체에 이바지하기 어렵게 만든다. 이사회에 문제가 있다면, 해당 이사회가 그 문제를 해결해야 한다.

10장

난관에 부딪치는 순간들

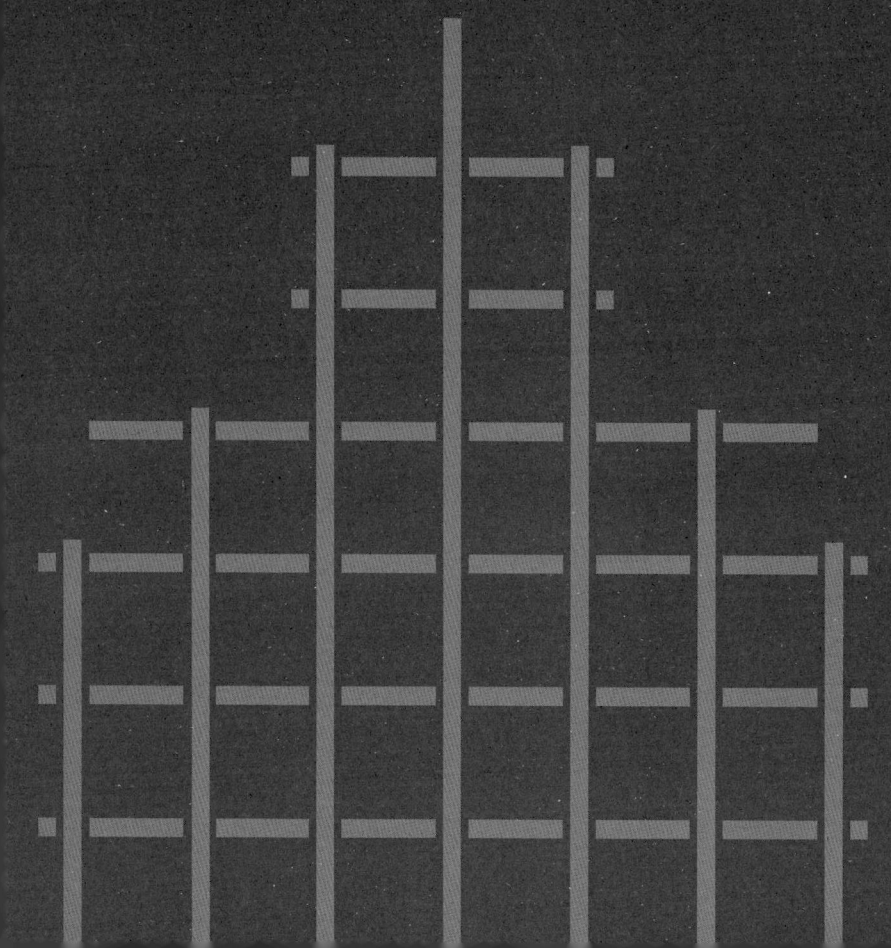

MAXIMIZING BOARD EFFECTIVENESS

몇 년 전, 대규모 비영리 단체 이사회에서 당시 겪고 있던 문제를 해결하는 데 도움을 받고 싶다고 컨설팅을 의뢰해 왔다. 나는 회의에 대비하여 단체장에게 이사회 정책 설명서 한 부를 보내 달라고 부탁하고, 이사들과 통화 일정도 잡았다.

이사회 정책 설명서는 깔끔하게 정리되어 있었다. 짐작하건대, 외부 컨설턴트에게 정책 개발에 대한 조언을 구했던 듯했다. 전화로 이사장을 오랜 시간 면담하다가 이사회가 정책 기반인지 물었다. 이사장은 그렇다고 대답했다. 나는 정책 기반 거버넌스가 어떻게 작동해 왔느냐고 물었고, 이사장은 잘 작동해 왔다고 대답했다. 나는 문서를 손에 들고 이사장에게 이사회 정책 설명서에 나와 있는 정책을 이사회에서 정리했는지 물었다. 이사장은 그러지 않았던 것 같다고 대답했다.

훈련도 아주 잘 받고 올바른 도구까지 갖추고 있어도, 시간이 지나면 이사회는 효과성이 떨어질 수 있다. 연구자들과 학자들은 이사회의 전반적인 효과성에 대해 이렇게 말한다.

"모든 이사회에는 공통점이 하나 있는데… 제대로 작동하지 않는다는 점이다."_피터 드러커Peter Drucker

"이사들은 큰 영향력과 선한 의도를 가지고 수준 낮은 활동에 참여하는 사람들에 지나지 않는다."_리처드 채이트Richard Chait, 토머스 홀랜드Thomas Holland, 바바라 테일러Barbara Taylor

"20세기 대부분의 시기에 이사회는 시대에 뒤처졌고 현실감각이 전혀 없었다."_제임스 길리스James Gillies

"이사회의 95퍼센트는 법적으로나 도덕적으로나 윤리적으로 해야 할 일을 제대로 하지 못하고 있다."_해럴드 제닌Harold Geneen

"사실, 이사회는 유능한 개인들이 모인 무능한 집단인 경향이 있다."_존 카버John Carver

모든 이사회는 때때로 문제가 생긴다. 그러나 효과성이 높은 이사회는 문제를 해결하고 단체에 크게 이바지하는 집단이 되기 위해 노력한다. 자기 문제도 해결하지 못하는 이사회는, 역기능을 낳고 단체가 더 나아지게 하기는커녕 더 나빠지게 만든다. 다음은 이사회가 직면하는 공통 문제 혹은 현안을 아홉 개의 일반 영역으로 구분한 것이다. 이것들은 모두 이사회를 비효과적으로 만드는 원인이 된다.

이사회 구조

이사회 구성 방식, 회의 시간과 장소, 이사회가 운영에 관여하는 방식을 둘러싼 모든 측면이 이 영역에 포함된다. 이는 보통, 단체 내규와 이사회 과정 정책에 규정되어 있다.

이사회 규모가 너무 클 때 일부 단체는 이사회에서 활동하는 사람이 50명이 넘는다. 이들 단체가 걸어온 길을 되짚어보면 이사회에 이사를 추가로 영입해야 한다고 생각했던 때가 있었다. 이유는 다양하다. 더 다양한 부류를 폭넓게 대변하기 위해서 규모를 키웠을 수도 있다. 또는 잠재적 고액 기부자를 이사회에 영입한 결과 규모가 커졌을 수도 있다. 그러나 이사회 규모가 커지면 지적인 대화와 집단 의사 결정이 더 어려워져서 거버넌스 효과성이 떨어지는 경향이 있다.

이 문제를 해결하기 위해 많은 단체가 직접 처리할 사안과 전체 이사회에 상정할 사안을 정하는 집행위원회를 구성한다. 그러나 이 구조는 본의 아니게 집행위원회는 비즈니스석에 앉아 훨훨 나는데 나머지 이사들은 이코노미석에 처박혀 있는 듯한 기분이 들게 한다.

일부에서는 이사회 정책을 살피고 이사들을 새로 영입하기 위해 거버넌스위원회를 구성한다. 그러나 이런 위원회는 사소한 부분까지 일일이 지휘하려는 오류에 빠지기도 하고, 전체 이사회가 현상 유지 모드로 옮겨 가도록 조장하기도 한다. 그런가 하면 인사위원회 같은 다른 위원회들은 관리 현안에 너무 깊이 관여하는 경향이 있다. 이 문제를 해결하는 한 가지 방법은 내규를 바꾸어 이사들 숫자를 줄이는 것이다. 임기가 끝날 때 자연스럽게 인원을 줄이거나 몇몇 이사에게 사임을 요청할 수도 있다.

고액 기부자를 육성하는 도구로 이사회 멤버십을 이용하는 단체는, 보조 단체나 저명한 협회를 별도로 설립하면 잠재적 후원자를 더 효과적으로 육성할 수 있다.

이사회가 협력과 관리 사이를 왔다 갔다 할 때 이는 협력형 이사회에서 흔히 볼 수 있는 문제다. 많은 이사가 단체를 감독하는 일에만 집중하고 관리에 관여하지 않기란 쉽지 않다.

단체에 열정이 있는 이사들은 돕고 싶어 하고, 그래서 운영 문제와 관련하여 종종 조언을 해 주곤 한다. 일부 이사들은 관리에 재능이 있어서 이사회에서도 자신의 장점을 활용하고 싶어 한다. 조직 내에서 발생한 문제에 관해 들으면, 재빨리 정보를 검색하고 근본 원인을 파악해서 해결책을 제시하고 싶어 한다. 그런가 하면 또 일부 이사들은 이사회 회의 전에 실무진과 '접촉'해서 실무진에게 어떤 불만이 있는지 조사할 필요가 있다고 느낀다. 이런 사람들을 관리 현안에 관여하지 못하게 하려면 동료 이사들이 나서서 이들을 압박해야 한다.

정책을 개발해서 문서로 정리하고 이를 적극적으로 활용하면, 협력형 이사회가 지휘 업무에 집중하도록 도울 수 있다. 또한 이사회는 이사회 업무는 무엇이고 실무진 업무는 무엇인지 명확하게 설명할 수 있어야 한다. 모니터하는 것과 간섭하는 것은 종이 한 장 차이다. '모니터는 하되 참견하지는 않는 것'이 이사들이 지켜야 할 일반 원칙이다.

그러나 여전히 많은 이사가 자칫하면 운영 현안에 개입하기 십상이다. 이사들은 언제든 자유롭게 타임아웃을 선언하고 자기들이 지금 이사회 업무를 보고 있는지 실무진 업무를 보고 있는지 자문해야 한다. 블랙박스 비유는 이사들이 지휘 자세를 고수하도록 돕는 데도 도움이 된다.

단체장과 이사장의 갈등 때로는 단체장과 잘 안 맞는 이사가 새 이사장으로 선출되기도 한다. 또는 단체가 지향하는 방향이 마음에 안 든 신임 이사장이 다른 방향으로 조직을 이끌고 싶어 할 수도 있다. 회의 때 단체장과 이사장이 대놓고 충돌하면 이사회가 제 기능을 할 수 없다.

이 문제는 이사장과 단체장이 사전에 대화를 통해 회의 때 다룰 의제를 함께 정리함으로써 해결할 수 있다. 이렇게 하면 논의할 쟁점을 사전에 검토할 수 있어서 두 사람이 같은 입장에 설 수 있고, 회의 때 서로 허를 찌르는 일을 방지할 수 있다.

둘 사이의 갈등을 해결할 수 없는 경우, 나머지 이사들은 내규와 이사회 정책이 허용하는 선에서 이사장을 새로 임명하는 조치를 취해야 한다.

집행위원회의 권한 침해 이는 의도한 결과일 수도 있고, 의도치 않게 생긴 결과일 수도 있다. 어떤 안건은 집행위원회에서 결정하고 어떤 안건은 전체 이사회에 상정해야 하는지, 이사회와 집행위원회가 명확히 이해하지 못하고 있는 경우가 많다. 예를 들어, 일상적인 건물 유지·보수에 대한 입찰가가 꽤 높을 때 집행위원회에서 승인하면 될까, 아니면 전체 이사회에서 투표를 진행해야 할까?

이 문제를 해결하려면, 어떤 결정은 집행위원회가 내리고 어떤 결정은 전체 이사회가 내려야 하는지를 명확히 설명하는 지침이나 이사회 정책을 마련해야 한다. 일부 단체는 이사회 산하에 집행위원회를 두되, 전체 이사회를 소집할 수 없는 기간에 비상 상황이 발생하면 집행위원회 회의를 열도록 요청하기도 한다. 이는 집행위원회 역할을 할 지역 이사들을 임명할 수 있는 전국 단위 단체에 유용한 방식이다.

이사들

이사회 이사로 뽑힌 사람들의 성향, 이사들이 행동하는 방식, 한 팀으로서 협력하는 방식이 이 영역에 포함된다.

이사들이 아무 준비 없이 회의에 참석할 때 이사로 영입되거나 선출된 사람들은 대부분 바쁜 사람들이다. 그래서 더러는 사전에 받은 이사회 자료를 검토하지도 못한 채 회의에 참석하곤 한다. 이사회는 모든 이사가 완벽하게 준비하고 회의에 참석할 때 가장 잘 굴러간다.

기대 사항이 중요하므로 이사들은 모든 회의를 철저히 준비해야 한다는 점을 명심해야 한다. 가능한 한 사전에 우편이나 이메일로 이사들에게 모든 자료를 발송하라. 이사들은 회의 며칠 전까지 이 자료를 받고 싶은지 의견을 모아야 한다. 또한 어떤 종류의 보고서를 어느 정도까지 자세하게 받아 보고 싶은지도 구체적으로 밝혀야 한다.

이사들이 업무에 소홀할 때 일부 이사들은 이사회 활동을 지겨워하거나, 일에 대한 열정을 잃거나, 이사회 회의에 아예 불참하기도 한다. 몸이 아프거나 다른 지역에 가 있거나 다른 이유로 회의에 참석할 수 없는 경우, 이사들은 이메일이나 문자나 전화로 이사장에게 미리 알려야 한다는 점을 문서에 정확히 명시해야 한다. 이사가 임기 중에 이사회 회의에 2회 무단 불참하면 이사회에서 자동 제명된다는 조항을 정책이나 지침에 추가할 수도 있다.

비영리 단체는 수준 높은 이사들을 영입하고 이사들끼리 돈독한 관계를 형성하도록 시간을 충분히 들여서 참여도를 높일 수 있다. 단체가 직면했거나 곧 직면하게 될 현실적인 문제를 이사회가 함께 해결해 나가면서 관계가 돈독해지기도 한다.

이사들이 배우려고 하지 않을 때 협력형 이사회에서 활동하는 일부 사람들은 정책 기반 거버넌스가 어떻게 작동하는지 공부하려고 하지 않는다. 관리형 이사회에서 활동하는 일부 사람들은 자기네 단체와 비슷한 다른 단체들이 어떻게 변화해 나가고 있는지 배우고 싶어 하지 않는다. 심지어 단체장이 모든 이사에게 책을 사 줘도 읽지 않는 일도 있다.

다시 말하지만, 기대하는 바를 충족시키는 게 중요하다. 이사들은 자기네 이사회의 거버넌스 관행을 포함하여 단체 전체를 성실하고 꾸준하게 개선해 나가야 한다. 신임 이사들이 배워야 할 정책 기반 거버넌스의 학습 곡선은 꽤 가파른 편이다. 단체를 위해 할 수 있는 한 최고의 이사회가 되려면, 모든 이사가 자기 위치에서 기꺼이 배우고 성장해야 한다.

이사들에게 핵심 지식이나 기술이 부족할 때 이사회가 조직을 감독하고 성공으로 가는 길을 계획하는 데 필요한 전문성을 모두 갖추고 있는 경우는 드물다. 항해형 이사회는 대대적인 변화를 단행하고 새로운 영역을 개척하려고 준비할 때 새로운 정보와 전문 지식의 필요성을 가장 크게 느끼는 편이다.

일부 이사회는 이런 전문 지식을 얻고자, 필요할 때마다 이사를 새로 영입한다. 내규가 이사 추가 영입을 허용하지 않으면, 자기들에게 필요한 전문 지식을 제공해 줄 새로운 위원회를 구성하거나 외부 인사를 임시로 영입하기도 한다. 또한 서비스 대상자나 자금 제공자, 지역 사회 지도자를 포함한 발표자를 이사회 회의에 초빙하기도 한다. 이사회는 또한 평소와 다른 예외적인 시기에 안내자 역할을 해 줄 컨설턴트나 코치를 고용할 수도 있다.

이사들이 목소리를 내지 않을 때 특히 규모가 큰 이사회에서는 회의 내내 의견을 내지 않고 가만히 앉아만 있는 이사들이 더러 있다. 분명한 건, 회의 때 아무 말도 하지 않으면 단체에 어떠한 기여도 할 수 없다는 점이다.

이사회는 목소리 큰 소수의 의견만이 아니라 모든 이사의 의견을 들어야 한다. 훌륭한 이사장은 회의실을 돌아다니면서 모든 이사가 중요한 논의에 참여할 기회를 얻도록 시간을 들일 것이다. 이사장은 유용한 정보나 의견을 가진 이사에게 구체적인 질문을 던질 수도 있다. 또한 이사장을 비롯한 모든 이사가 참여해야 하는 중요한 논의에 숙련된 조력자를 데려오기도 한다.

이사들이 분열할 때 이사회는 이사들이 한 팀으로서 서로 협력할 때 가장 잘 굴러간다. 그러나 어떤 사람들은 매우 정치적인 성향이 있어서 '우리'와 '저들'로 편 가르기를 좋아한다. 그들은 회의와 회의 사이에 이사들을 한 명씩 불러서 자기편으로 포섭한다. 일반적으로, 이사들은 특정 서비스 대상이나 특정 입장만 대변해서는 안 된다. 모든 이사는 자기들이 모든 이해 관계자와 단체 전체를 대변한다는 관점을 가져야 한다. 그러면 분열이 곪아 터질 여지가 적어진다. 모든 이사는 훌륭한 '팀 플레이어'가 되려고 노력해야 한다.

이사들이 잘못된 행동을 할 때 잘못된 행동은 여러 형태로 나타날 수 있다. 예를 들면, 모욕적인 언어를 사용하고, 다른 이사들에게 창피를 주고, 고함을 지르고, 탁자를 내려치고, 자리에서 일어나 다른 이사들에게 멍청이라고 손가락질하는 이들이 있다. 이런 행동이 이어지는 이유는 나머지 이사들이 이를 묵인하기 때문이다.

이사들은 이런 언어폭력을 용인해서는 안 된다. 이런 행동이 나오면, 이사장은 곧바로 회의를 중단하고 모욕적인 행동에 직접 대처해야 한다. 회의 때 그렇게 하지 못했다면, 이사장은 잘못된 행동을 한 사람을 일대일로 만나거나 다른 이사들 몇 명과 함께 만나야 한다. 그래도 문제가 고쳐지지 않으면, 전체 이사회가 모여 다음 회의를 시작할 때 용납되지 않는 행동에 관해 논의해야 한다. 그것으로도 충분하지 않으면, 내규 또는 이사회 정책에 따라 문제를 일으킨 사람을 이사회에서 제명해야 한다.

화가 잔뜩 난 이사를 일단 달래고 보려는 시도는 잘못된 행동을 장려하는 것이나 다름없다. 이사 한두 명이 잘못된 행동을 일삼는 이사회치고 정말로 효과성이 높은 이사회는 거의 없다. 훌륭한 이사장은 잘못된 행동을 하지 못하게 막을 것이다.

이사회 회의

일반적인 회의 의제, 회의에 걸리는 시간, 초청 대상, 이사장이 회의를 매끄럽게 진행하는 방법 등이 이 영역에 포함된다.

회의가 늘 늦게까지 이어질 때 비영리 단체 이사회의 저녁 회의가 밤늦게까지 이어지는 건 드문 일이 아니다. 많은 의제, 이사들의 준비 부족, 사소한 부분까지 일일이 파고들려는 이사들의 시도 등 여러 가지 요인이 작용하기 때문이다. 따라서 이사장은 토의를 조율하고, 몇몇 안건은 다음 회의로 미룰 것을 결정하는 사람이 되어야 한다.

이사회가 만장일치로 회의 시간을 연장하기로 합의하지 않는 한 모든 회의는 7시에 시작해서 9시 정각에 끝난다는 간단한 정책만 마련해도 회의를 정시에 끝낼 수 있다. 관리형 이사회도 비슷한 방침을 마련하여 운영 지침서에 실을 수 있다.

시작 시각과 종료 시각이 확고하면, 이사장은 의제를 잘 계획해야 한다는 압박을 느낄 것이고, 그러면 가장 시급한 안건을 회의 초반에 상정할 것이다. 시작 및 종료 시각을 확실히 정하면, '이만하면 이 주제는 충분히 논의했다'고 여겨지는 시점을 이사들이 파악하는 데도 도움이 된다.

이사장이 회의를 매끄럽게 진행하지 못할 때 가끔은 이사들이 경청하지 않고 자기들끼리 말을 너무 많이 한다. 그러면 수준 높은 대화로 이어지지 않는다. 대화를 원활하게 이끌고 각 안건에 관심을 충분히 기울이도록 의제를 조율하는 것이 이사장의 역할 중 하나다. 그런데 이사장이 이런 일에 약하다면 어떻게 해야 할까?

한 가지 해법은, 이사장이 이런 일에 능숙한 이사를 사회자로 세워서 회의를 이끌게 하는 것이다. 그러면 이사장은 권한은 그대로 유지한 채 회의를 매끄럽게 진행해야 한다는 부담 없이 토론에 참여할 수 있다.

보고서가 너무 자세할 때 때로는 재무 보고서가 20쪽에

달하고, 실무자 활동 보고서는 한도 끝도 없이 이어질 수 있다. 일반적으로 이사회는 어떤 보고서를 받고 싶은지, 보고서에 세부 사항을 어느 정도까지 자세히 담을지를 결정해야 한다. 이사회 보고를 실무진이 주도해서는 안 된다. 실무진은 진공 상태에서 보고서를 작성하기 때문이다. 대다수 이사회는 어떤 보고서를 받고 싶은지 구체적으로 명시하는 데 시간을 들이지 않는다.

협력형 이사회의 경우에는 블랙박스 안에서 일어나는 일을 너무 많이 보고받는다. 물론, 협력형 이사회도 단체가 어떻게 돌아가는지 알고 있어야 하지만, 블랙박스에 들어오는 자원과 블랙박스에서 내놓는 결과만 보고하라고 요청하는 게 좋다. 관리형 이사회는 블랙박스 안에서 일어나는 일을 더 자세히 알고 싶어 하지만, 더 수준 높은 보고를 요구하거나 운영상의 세부 사항에 대해서 너무 많은 질문을 하지 않는 게 좋다. 관리형 이사회는 단체장에게 '예외 보고'를 요청할 수 있으므로 운영에서 발생하는 이상 상황에 관해서만 보고받으면 된다.

이사회가 미시 관리에 말려들 때 협력형 이사회는 운영에 관여하지 않도록 스스로 자제해야 한다. 관리형 이사회는 회의할 때 회사 경영진과 같은 역할을 하도록 스스로 훈련해야 한다. 그런데 누구라도 아무 문제가 없어 보이는 질문을 던져서 자칫 이사회의 효율을 떨어뜨릴 수 있다. 예를 들어, 실무자가 구매할 복사기가 어느 브랜드 제품인지, 어떤 기능을 갖춘 제품인지 누군가 물을 수 있다.

이사회는 자기가 결정해야 할 사안에 대해 의견을 구하는 단체장 때문에 풀숲에 끌려 들어가기도 한다. 단체장이 의견을 구하면, 일반적으로 많은 이사회가 운영 세부 사항에 대해 더 많은 정보를 요구하는 식으로 반응한다. 그리고는 각 선택지의 장단점을 따지며 토론을 벌인다. 흥미로운 토론으로 이어질 수는 있지만, 그것은 협치도 아니고 중요한 결정을 내리는 행위도 아니다. 그저 하위 단계 결정에 조언을 건네는 것에 불과하다.

이사회가 회의에 실무자를 추가로 참석시키고자 할 때 일부 이사회는 질문이 있을 때를 대비해 회의에 실무자가 추가로 참석하길 원한다. 그러나 단체장 외에 실무자가 추가로 참석하면 이사회가 단체의 성과를 놓고 공개적으로 발언하기가 더 어려워진다. 또한, 협력형 이사회가 보통 단체장에게 원하는 책임 소재가 흐려진다.

관리형 이사회는 단체장과 더 효율적으로 협력하기 위해 회의에 실무자가 추가로 참석하길 원할 수 있다. 그러나 협력형 이사회는 단체장 외에 다른 실무자가 회의에 참석하면 관리에 대한 논의 및 결정에 말려들 가능성이 커지므로 그런 상황을 피하고 싶어 한다. 만약 다른 실무자가 회의에 참석할 경우, 협력형 이사회는 회의 초반에 보고를 받고 보고가 끝나면 회의실에서 나가 달라고 양해를 구할 것이다. 항해형 이사회는 관련 환경에 생긴 변화에 대해 배우기 위해서 또는 전문가 의견을 수렴하기 위해서 외부 전문가를 회의에 초빙하고 싶어 할 수 있다. 기존 실무진은 항해형 이사회가 고려하고 있는 변화에 저항하는 경향이 있기 때문이다.

이사회가 계속 조언하려 할 때 이사들은 도움이 되리라는 생각으로 운영 세부 사항이나 문제 해결, 의사 결정에 관해 단체장에게 조언하곤 한다. 그런데 이사회가 조언하면, 단체장이 그 조언을 무시할 수 있을까?

조직 관리를 위임하고 싶어 하는 협력형 이사회라면, 운영에 관한 조언은 영역 밖이다. 높은 수준에서 단체가 운영되길 원하는 관리형 이사회라면, 직접 결정을 내리든가 단체장에게 위임하지 섣불리 조언하지 않는다. 그들도 풀숲에서 벗어나고 싶어 한다. 일반적으로, 단체장이 조언을 구하지 않았는데 조언하는 것은 정말 쓸데없는 짓이다.

이사회가 주차장 회의를 할 때 주차장 회의란 이사회 회의 전후에 모여야 할 필요성을 느낀 일부 이사들끼리 진행하는 비공식 회의다. 각 이사회 회의가 시작되거나 끝날 때 간부 회의를 열면 이런 비공식 회의를 줄일 수 있다. 간부 회의는 단체장과 실무자는 참석하지 않는 짧은 회의로, 이사들은 이 시간에 의문점을 질의하고 우려되는 점을 정리할 수 있다.

이사들이 기밀을 누설할 때 대다수 비영리 단체가 이사회

심의를 비밀리에 진행한다. 일반적으로, 이사회 회의록에는 이사회의 조치를 기록해야 하지만 모든 대화가 조치로 이어지는 것은 아니다. 특히 회의록에는 누가 어떤 의견을 냈는지, 또는 몇 명이 그 의견을 냈는지 기록해서는 안 된다. 어떤 주제를 투표에 부쳤는지도 기록할 필요가 없고, 그저 이사회의 결정 사항만 기록하면 된다.

이사회에서 비밀리에 심의한 세부 사항이 새어 나가면, 이사장은 이사회에서 오고 간 대화에 대해 기밀을 유지하도록 이사들에게 상기시켜야 한다. 매년, 모든 이사가 기밀 유지 합의서와 이해 충돌 방지 실천 서약서에 서명해야 한다. 이렇게 정기적으로 예방하면, 소문이 퍼지기 시작할 때 부랴부랴 서류를 꺼내지 않아도 된다.

이사회 정책

협력형 이사회의 이사회 정책 설명서에 수록된 네 가지 조목과 관리형 이사회의 운영 지침서에 수록된 운영 절차가 이 영역에 포함된다.

이사회 정책을 사용하기 어려울 때 이사회 정책 설명서는 시간이 지남에 따라 복잡해지고 혼란스러워질 수 있다. 때로는 정책 조목이 대여섯 단계까지 세밀하게 나뉘기도 한다.

더 상세한 조항은 완전한 문장이 아니라 어구(語句)로 작성된다. 어떤 정책은 제한 사항을 자세하고 길게 나열한 것에 지나지 않는다.

이사회가 정책을 작성할 때 질서정연한 집합 구조를 사용하지 않고, 광범위한 정책부터 시작해서 한 단계도 건너뛰지 않고 필요할 때마다 세부 항목을 계속 추가하면 이런 일이 생긴다. 처음에 상위 단계에서 정책을 잘 작성하면 자세한 세부 항목을 더 넣을 필요가 없다.

새로운 정책이 추가되면, 단순하게 항목 끝에 가져다 붙이지 말고 적절한 범주에 배치해야 한다. 더러는 정책 설명서를 더 쉽게 사용하기 위해 전체를 다시 써야 할 때도 있다.

정책 설명서가 너무 길 때 철저하게 하고자 일부 이사회는 거의 100쪽에 달하는 정책 설명서를 작성한다. 사명 선언문이나 핵심 가치 선언문 같은 여타 기본 문서를 보관하기 위해 다른 항목을 계속 추가하기 때문이다. 이 문서들도 중요하긴 하지만, 이것들은 지도 정책이 아니다. 이 가운데 상당수는 다른 곳에 보관해야 할 관리 도구다.

여러 개의 상임위원회가 있는 이사회는 위원회 업무를 위해 개발한 정책을 추가하고 싶어 한다. 이때는 이사회 정책 설명서가 어수선해지지 않도록 부록에 첨부하면 된다.

이사회 정책이 지나치게 자세할 때 일부 이사회는 제한 정책을 너무 자세하게 작성한다. 이런 실수는 특히 재정 문제를 다룬 항목에서 흔히 볼 수 있다. 올바르게 처리되지 않을 수 있는 어떤 부분이 걱정되면, 이사회는 허용되지 않는 행동을 점점 더 구체적으로 명시하고 싶을 것이다. 제한 정책을 통해 조직을 관리하려는 협력형 이사회가 이런 일을 주도하곤 한다.

 일부 협력형 이사회는 모든 제한 정책을 부정문으로 작성하다가, 다시 말해 단체장과 실무진이 하면 안 되는 행동을 기술하다가 당혹감을 느낀다. 그래서 단체 내에서 일을 어떻게 진행해야 하는지 긍정문으로 전부 다시 쓰기도 한다. 이런 작은 변화는 그들을 근본적으로 관리형 이사회로 돌려놓는다. 단체가 쇠퇴기에 접어들었다면, 협력형에서 관리형으로 전환이 필요할 수 있다. 긍정문이나 지시문으로 작성한 이런 정책은 운영 지침서의 한 부분으로 간주해야 한다.

 이사회가 기존 정책을 활용하지 않을 때 일부 이사회는 협력형 이사회를 자처하지만, 결정을 내리고 단체장에게 조언하는 데 대부분의 시간을 쓴다. 그들이 내린 결정은 이사회 정책으로 정리되지 않고 회의록에 실린다. 일부 이사회는 문서로 정리해 둔 정책 설명서가 있는데도 회의할 때 절대 참고하지 않는다.

 모든 이사회는 어떤 사안을 결정하기 전에 기존 정책이 그 상황을 다루는지 먼저 확인해야 한다. 그렇지 않다면, 그 상황을 다루는 정책을 입안해야 한다. 그 사안이 운영에 관한 문제라면, 이사회는 단체장에게 결정권을 넘길 수도 있다.

예를 들어, 수리하는 데 돈이 많이 드는 장비가 있으면, 수리하느니 새로 장만하는 게 낫지 않을까 하는 의문이 생긴다. 그런데 이사회 정책에는 장비 교체에 관한 조항이 없다. 이 사안은 명백히 운영에 관한 문제이지만, 자칫하면 협력형 이사회마저 관리 영역으로 끌고 들어가기 쉽다. 관리형 이사회라면, 이것은 이사회가 결정할 사안이다. 그러나 관리형 이사회도 이에 관한 결정을 단체장에게 위임할 수 있다.

수탁 책임

이 영역은 모든 이사회의 기본 임무다. 수탁자는 다른 이의 재산이나 자산을 관리할 책임을 맡은 사람이다. 모든 이사는 자기네 비영리 단체의 이익을 최우선으로 돌볼 책임이 있는 수탁자 역할을 한다.

이사회가 재무 상태를 모니터하지 않을 때 일부 이사회는 단체의 재무 상태를 적극적으로 모니터하지 않는다. 그러나 이것은 이사회의 법적 의무 중 하나다. 이사회는 단체가 사기당하지 않고 모든 돈을 잘 관리하고 있는지 확인해야 한다. 이사회는 단체의 재정이 안정적인지 확인해야 한다.

이사회가 재무 상태에 관심을 덜 기울이는 이유는, 단

체에 예비 자금이 충분하거나 걱정하지 않아도 될 만큼 자금이 충분히 들어오고 있기 때문일 수 있다. 그러나 이사회는 더 장기적인 재무 예측과 위험해질 수 있는 자산에 관해 질의해야 한다.

예산은 관리 도구다. 그래서 이사회는 예산 보고서에 나타난 차이를 간과하고, 최종 결산 결과와 더 큰 그림에 집중하는 경향이 있다. 관리형 이사회는 단체가 재정난에서 벗어날 수 있도록 정기 예산 보고서를 더 꼼꼼하고 자세하게 검토하는 편이다.

이사회가 수입을 모니터하지 않을 때 대다수 이사회가 최종 결산 결과와 재정 적자는 우려하면서 수입에는 관심을 덜 기울이는 경향이 있다. 경비를 절감할 수는 있어도 기부금을 늘리기는 어렵다고 느끼기 때문이다. 재정난에 빠진 많은 소규모 비영리 단체는 예산에 문제가 있는 게 아니다. 모금에 문제가 있다. 협력형 이사회든 관리형 이사회든, 이사회는 다양한 모금 방안을 조사하고 무엇이 변하고 있는지 분석해야 한다.

이사들이 재무 보고서를 이해하지 못할 때 많은 이사가 재무학 학위가 없거나 복잡한 예산을 다뤄 본 폭넓은 경험이 없다. 그러나 비영리 단체의 규모가 아무리 크고 복잡해도 전체 이사회는 단체의 재정 상태를 제대로 이해해야 한다.

만약 이사회에 회계 담당이 있다면, 그 사람의 주된 역할 중 하나는 모든 이사가 재무 보고서를 제대로 이해하게 하는 것이다. 이사회는 더 짧고 더 쉽게 이해할 수 있는 재무 보고서를 제출해 달라고 요청할 수도 있다. 핵심 도표나 도식을 이용해 재정 상태를 보고하는 것도 유용한 방법이다. 예를 들어, 지난 10년간의 현금 보유액 변동 상황을 막대그래프로 나타내면, 보유액이 증가하고 있는지 감소하고 있는지 누구나 바로 이해할 수 있다.

재정 위기 상황에서 이사회가 행동하길 두려워할 때 비영리 단체의 주요 자금원이 사라지거나 예기치 않게 큰 비용이 발생했을 때, 이사회는 상황에 대처할 계획이 단체장에게 있는지 알고 싶을 것이다. 계획이 없다면, 계획을 세우라고 요청해야 한다. 단체장이 어떻게 해야 할지 모르고 우왕좌왕하면, 이사회가 개입해서 단체가 해를 입지 않도록 단호하게 행동해야 한다.

일부 이사들은 정책 기반 거버넌스의 원칙에 어긋난다는 이유로 행동하길 주저할 것이다. 재정에 관한 결정을 내리려면, 블랙박스를 열고 변화를 주어야 하기 때문이다. 그러나 단체장이 무얼 해야 할지 모르면, 재정 위기를 극복할 때까지 한동안 이사회는 관리형 이사회가 되어야 한다. 그런데 관리형 이사회도 무얼 해야 할지 확신이 서지 않아서 행동하길 주저할 수 있다. 어느 경우든, 이사회와 단체장은 한 팀이 되어 힘든 시기를 헤쳐 나갈 길을 찾기 위해 협력해야 한다.

단체의 성과

단체가 효율적이고 효과적인지 확인하는 것이 이 영역에 포함된다. 모든 비영리 단체는 자신의 존재를 정당화하기 위해 의미 있는 결과를 얻어야 한다.

이사회가 바라는 결과가 명확하지 않을 때 협력형 이사회의 경우 이사회 정책 설명서에서 가장 취약한 부분은 대부분 목적 정책, 즉 희망하는 결과다. 이루고자 하는 결과를 명시하는 데 많은 이사회가 어려움을 겪는다. 많은 목사가 자기들이 하는 일은 잘 설명하면서, 그 일을 통해 결과적으로 무엇을 이루고 싶은지 설명하는 건 어려워한다.

이사회는 종종 단체의 목적을 어떻게 기술해야 할지 확신이 서지 않아서 이 항목에 사명이나 비전, 핵심 가치를 끼워 넣는다. 가끔은 운영 철학을 설명하기도 한다. 때로는 자기들이 제공하는 중요한 프로그램 및 서비스 목록을 나열하기도 한다. 협력형 이사회의 목적 정책, 즉 희망하는 결과에는 이루고자 하는 것, 서비스 이용자, 비용이 명확히 들어가야 한다. 그런데 이 모든 것을 누락하는 경우도 있다.

이사회가 전략을 두고 갈팡질팡할 때 전략을 만드는 데 이사회가 도움이 되었든 안 되었든, 모든 이사회는 단체가 앞으로 나아가기 위해 활용하는 전략을 명확히 설명할 수 있어야 한다. 그런데 많은 이사회가 자신 없어 한다. 이사회가 채

택한 전략 계획을 들먹이기는 해도, 그 계획을 뒷받침하는 전략을 설명하지는 못한다. 간단히 말해서 전략은 단체가 여기에서 저기로 나아가는 방법이다.

모든 이사회는 단체장에게 업데이트된 전략을 요구할 수 있다. 만약 단체장이 전략을 세우지 못하면, 이사회가 단체장과 손잡고 함께 수립할 수 있다. 전략은 모든 이사가 이해할 수 있을 만큼 매우 간단하고 명료해야 한다.

이사회가 결과를 모니터하지 않을 때 협력형 이사회에 모호하거나 누락된 목적 정책이 있으면, 단체의 결과를 모니터하는 데 어려움을 겪을 수밖에 없다. 이사회에서 무엇을 측정해야 할까? 서비스 대상자의 만족도? 대다수 단체가 결과보다는 결과 보고에 의존한다. 산출은 블랙박스 안에서 일어나는 활동을 측정한 것이다. 예를 들어, 어떤 단체는 여름 프로그램에 등록한 어린이가 752명으로 작년 대비 18퍼센트 증가했다고 보고할 수 있다. 그런데 아이들이 배운 것은 무엇인가?

많은 비영리 단체의 경우, 결과는 개인이나 가족, 또는 지역 사회에 나타난 삶의 변화를 의미한다. 삶의 변화는 설명하기도 측정하기도 어려울 수 있지만, 의미 있는 삶의 변화는 변화된 행동으로 분명하게 드러나는 법이다. 이런 행동과 그 밖의 지표를 확인하고 추적할 수 있다. 일반적으로, 중요한 결과를 대강 측정하는 것이 중요하지 않은 결과를 정확히 측정하는 것보다 낫다.

단체의 성과가 저조할 때 비영리 단체는 여러 면에서 성과가 저조할 수 있다. 운영이 비효율적이고 자원을 낭비할 수 있다. 자원에 대한 접근을 늘리고 성장할 기회를 놓칠 수 있다. 조직의 생애 주기상 내리막길을 달릴 수도 있다. 성과가 낮은 단체의 이사회 회의는 불편해야 마땅하다.

관리형 이사회는 단체장과 함께 운영 개선 방법을 모색해야 한다. 협력형 이사회는 기존 결과를 지적하고 어떻게 하면 단체의 효과성이 올라갈지 질문해야 한다. 항해형 이사회는 기존 서비스와 관련 환경에 필요한 서비스가 일치하는지 평가해야 한다. 그 단체의 모든 사람이 전반적인 성과를 개선하기 위해 협력해야 한다.

전문 지도력

단체장을 개인적으로나 업무적으로 지원하기 위한 이사회와 단체장의 모든 상호 작용이 이 영역에 포함된다.

이사회가 단체장을 지원하지 않을 때 단체장을 고용한 뒤, 이사회는 단체장이 최대한 일을 잘할 수 있도록 업무적으로나 정서적으로 지원해야 한다. 그런데 어떤 이사회는 단체장을 비인격적으로 대하거나 무례하게 행동한다. 또 어떤 이사회는 매우 정치적이어서 일부는 단체장을 지지하고 일부는 단체장을 비판한다.

유능하고 노련한 단체장에게 많은 돈을 지급하고 있다면, 이사회는 그를 전적으로 지지하고 그와 긴밀히 협력해야 한다. 이사회는 단체장에게 전문성을 계발할 계획이 있는지, 또 이를 지원할 예산이 있는지 확인해야 한다. 심지어 이사회 회의 때 이견이 생기더라도 이를 해결하고 함께 앞으로 나아가기로 합의해야 한다.

이사회가 책임을 맡기려고 고군분투할 때 모든 이사회는 단체장에게 적정 수준의 책임을 맡겨야 한다. 때로 이사회는 너무 소심한 나머지 단체장에게 책임을 맡기지 못한다. 때로는 단체장이 너무 강해서 어떠한 책임도 지지 않으려고 한다.

이사회는 무슨 일이 있어도 단체장에 대한 최종 권한을 보유해야 한다. 단체장이 이사회를 좌지우지하게 놔둬서는 안 된다. 단체장이 이사회의 수탁 임무를 방해하게 놔둬서도 안 된다. 이사회는 법에 따라 단체를 지키는 책임 있는 관리인답게 행동해야 한다.

이사회가 승계를 무시할 때 이사회의 주요 책무 중 하나는 리더십의 연속성을 보장하는 것이다. 단체장이 은퇴할 때가 되거나 다른 이유로 리더십에 변화가 필요할 때, 이사회는 단체장을 교체하는 절차를 밟아야 한다. 그런데 너무 많은 이사회가 나이 든 단체장에게 은퇴에 관해 묻고 싶어 하지 않는다. 또 너무 많은 이사회가 차기 단체장을 쉽게 찾을 수 있으리라고 생각한다.

은퇴까지 시간이 얼마나 많이 남았든, 모든 이사회는 단체장에게 언제쯤 은퇴할 생각인지 물어야 한다. 단체장이 단체에 오래 몸담고 싶어 한다고 가정할 때, 가장 빠른 은퇴 시기는 언제이고, 가장 늦은 은퇴 시기는 언제일까? 젊은 단체장은 이것이 대답하기 어려운 질문이라고 생각할 수 있지만, 노련한 이사회의 도움을 받으면 범위를 어느 정도 좁힐 수 있다.

그다음에 이사회는 단체장을 대체할 후보자가 단체 내부에 있는지 결정해야 한다. 만약 있다면, 그 실무자에게 혹시 존재할지 모를 역량 차이를 메울 자기 계발 계획이 있는지 확인해야 한다. 예를 들어, 단체장으로서 모금 경험이 없을 수 있고 개발 담당자로서 직접적인 현장 경험이 없을 수 있다. 둘 다 정식 리더십 훈련을 받지 않았을 수 있다. 리더십 승계를 위해 파이프라인을 구축하는 것은 명백한 이사회 업무다.

단체장에게 능력이 부족할 때 때로 단체장의 실력이 예전 같지 않을 수 있다. 단체가 크게 성장해서 단체장의 역량을 넘어섰기 때문일 수도 있다. 그의 가정이나 건강에 문제가 생겼기 때문일 수도 있다. 어떤 이유로든 단체장이 더 이상 업무를 제대로 수행하지 못하면, 이사회가 개입해야 한다.

관리형 이사회는 단체장의 성과가 저조한 부분을 지원할 수 있다. 협력형 이사회는 운영에 관여하고 싶어 하지 않기 때문에, 만약 단체장이 업무를 제대로 수행하지 못하면 그에게 다른 임무를 맡기거나 임기를 종료하고 새로운 단체장을 뽑아야 한다. 항해형 이사회는 단체장의 성과에 신경 쓰기보다는, 단체가 살아남거나 새로운 기회를 붙잡을 수 있는 변화를 일으키는 데 더 신경을 쓸 것이다. 아마도 현 단체장은 이 새로운 방향과 맞지 않을 가능성이 크다.

소통과 규정 준수

규제 단체와 후원자, 이해 당사자에게 하는 모든 보고가 이 영역에 포함된다.

이사회가 보고 의무를 잘 모를 때 이사회는 연방 정부나 주 정부, 지방 정부는 물론이고 그 밖의 보건 기관이나 인증 기관에 매년 어떤 보고서를 제출해야 하는지 모르는 경우가 많다. 그들은 이러한 세부 사항에 관한 최신 정보를 실무진에게 얻는 경향이 있다. 그런데 이런 세부 사항을 놓치면, 단체를 폐쇄해야 할 수도 있다.

모든 이사회는 주무관청이나 인허가 기관에 보내야 할

보고서를 전부 확인하는 점검표를 가지고 있어야 한다. 이사회 연간 일정이나 이사회 회의 주제에 추가해 두는 것도 좋다. 정부가 요구하는 것을 이사들이 고의로 무시해서는 안 된다. 단체가 모든 법적 요건을 충족하고 해당 법률을 모두 준수하고 있는지 이사회가 확인해야 한다.

이사회가 소통을 잘 못 할 때 비영리 단체 이사회는 이해 당사자가 누구인지 확인하고, 그들은 물론이고 다른 핵심 이해 관계자 모두와 정기적으로 소통해야 한다. 그런데 대다수 이사회가 자신들의 업무와 단체 앞에 놓인 과제에 골몰하느라 그 단체에 관심이 있는 다른 사람들을 쉬이 잊어버린다.

일반적으로 이사회가 이해 당사자 및 이해 관계자들과 소통하는 방법이 몇 가지 있다. 이사회가 직접 성명서를 낼 수도 있고, 단체장을 통해 성명서를 낼 수도 있고, 의문이 들거나 우려되는 바가 있는 개인들과 소통할 수도 있다.

이사들이 단체를 대표하지 못할 때 일반적으로 이사들은 단체를 대표하는 대사大使로서 지역 사회에 긍정적인 메시지를 전할 책임이 있고, 비영리 단체는 당연히 이사들이 그렇게 해 주길 기대한다. 그러나 너무나 많은 이사가 뒤늦게야 이런 생각을 한다. 그들은 이사회 회의에 참석할 때나 회의를 준비할 때만 단체에 대해 생각한다. 안타깝게도, 일부 이사들은 단체에서 펼치는 활동을 헐뜯기까지 한다.

이사들은 일상생활 속에서 단체에 대해 긍정적으로 말하고, 행사에 참여하도록 사람들을 초대하고, 자원해서 시간을 투자하고, 기부금을 내야 한다.

전반적인 효과성

단체를 전반적으로 끊임없이 개선하고 싶은 열망, 자원을 잘 관리하려는 책임감, 단체의 성과에 대한 평가가 이 영역에 포함된다.

이사회가 너무 늦게 또는 너무 빨리 개입할 때 왜 이사회는 타이밍을 잘 맞추지 못할까? 때로는 행동에 나서기까지 너무 오래 뜸을 들이고, 때로는 도움이 필요하지도 않고 원하지도 않는 순간에 개입한다. 이사회가 한 집단으로서 행동해야 한다는 게 이유라면 이유다. 많은 이사가 뜻을 모으려면 시간이 걸리게 마련이다. 또한, 이사들은 고작해야 일 년에 몇 번 만나는 자원봉사자들인 경우가 대부분이다. 협력형 이사회가 단체장에게 관리를 위임하는 이유도 이 때문이다.

모든 이사회는 신중하게 개입해야 한다. 자칫하면 상황을 개선하기보다는 악화시키기 때문이다. 일반적으로, 이사회는 중대한 문제가 발생했거나 발생하려고 할 때만 운영에 개입해야 한다. 운영에 이미 관여하고 있는 관리형 이사회는 상위 단계의 관리에 집중해야 한다. 협력형 이사회는 최대한 개입하지 않되 상황을 면밀히 모니터하고 단체장을 지원해야 한다. 항해형 이사회는 현재의 조직 관리 방식에 대한 사소한 우려는 무시하고, 단체가 미래에 어떤 자산과 프로그램을 마련해야 할지에 집중하라.

이사회가 자원을 잘 관리하지 못할 때 모든 이사회는 단체의 자산과 기부금이 잘 관리되고 있는지 확인해야 한다. 기부금을 허투루 쓰는 비영리 단체에 돈을 기부할 사람은 아무도 없다.

이사회는 기부금과 회비가 어디에서 들어오는지, 효율적으로 쓰이고 있는지, 그 자원으로 어떤 결과를 내고 있는지 모니터해야 한다. 단체의 사명을 완수하는 방향으로 자원이 사용되고 있는지 확인해야 한다.

이사회가 전반적인 생산성을 높이지 못할 때 이상적으로 말하자면, 이사회는 자원을 늘리든, 운영의 효율성을 높이든, 성과를 얻어내든, 어떤 식으로든 단체에 크게 이바지해야 한다. 그런데 너무도 많은 이사회가 걸림돌이 되어 단체에 오히려 부정적인 영향만 끼친다. 그들은 회의를 준비하고 보고하게 하느라 실무진의 시간을 빼앗고, 때로는 중요한 결정을 보류한다. 이사회 회의에도 돈이 든다. 특히, 단체에서 이사들의 여비와 식사비를 내는 경우 비용이 많이 든다.

관리형 이사회는 블랙박스를 열고 상황을 개선하려고

애쓰고 있다. 협력형 이사회는 한 발짝 떨어져서 블랙박스에 들어오는 자원과 블랙박스가 내놓는 결과를 지켜보면서, 투입과 산출을 어떻게 개선할 수 있는지 묻고 있다. 항해형 이사회는 관련 환경에 발맞춰 향후 생산성을 개선하도록 직접 나서서 대대적인 변화를 일으키고 있다.

이사회에 자체 거버넌스를 개선할 시스템이 없을 때 대다수 이사회는 자신들의 문제를 외면하는 경향이 있다. 이사회는 이사회 내부 문제가 아니라 단체의 문제에 초점을 맞춘다. 이사회 내부 문제를 처리하거나 이사회 절차를 개선할 책임을 맡은 다른 그룹은 어디에도 없다.

이사회가 제 기능을 잘하고 있는지 평가하기 위해 모든 이사회는 일 년에 한 번 이상 자체 평가를 시행해야 한다. 이사회가 일하는 방식에 대해 다 함께 터놓고 솔직하게 토의할 수도 있고, 거버넌스를 점검할 수도 있다. 연례 이사회 수양회 같은 모임으로 진행할 수도 있다.

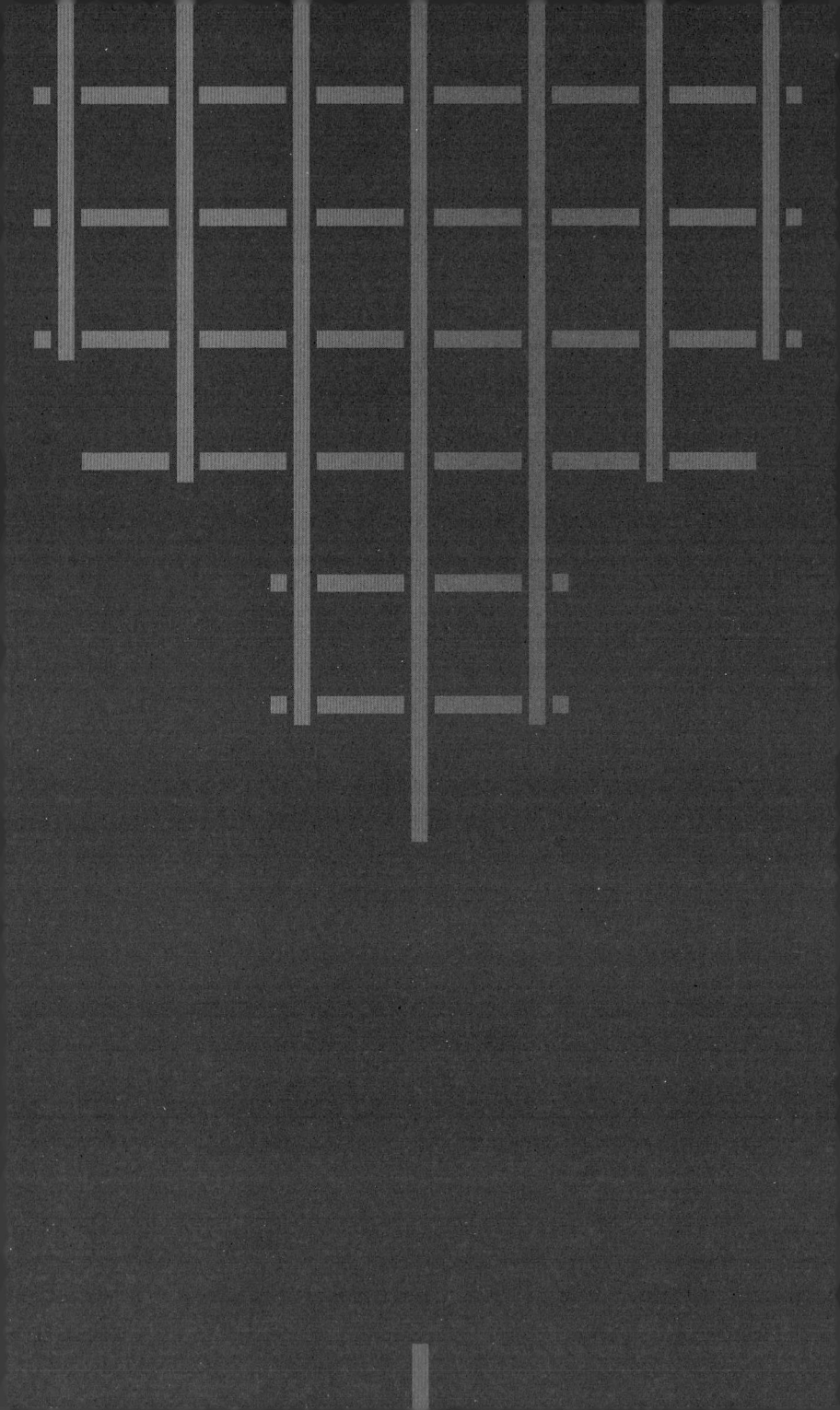

11장

난관을 돌파하게 돕는 도구들

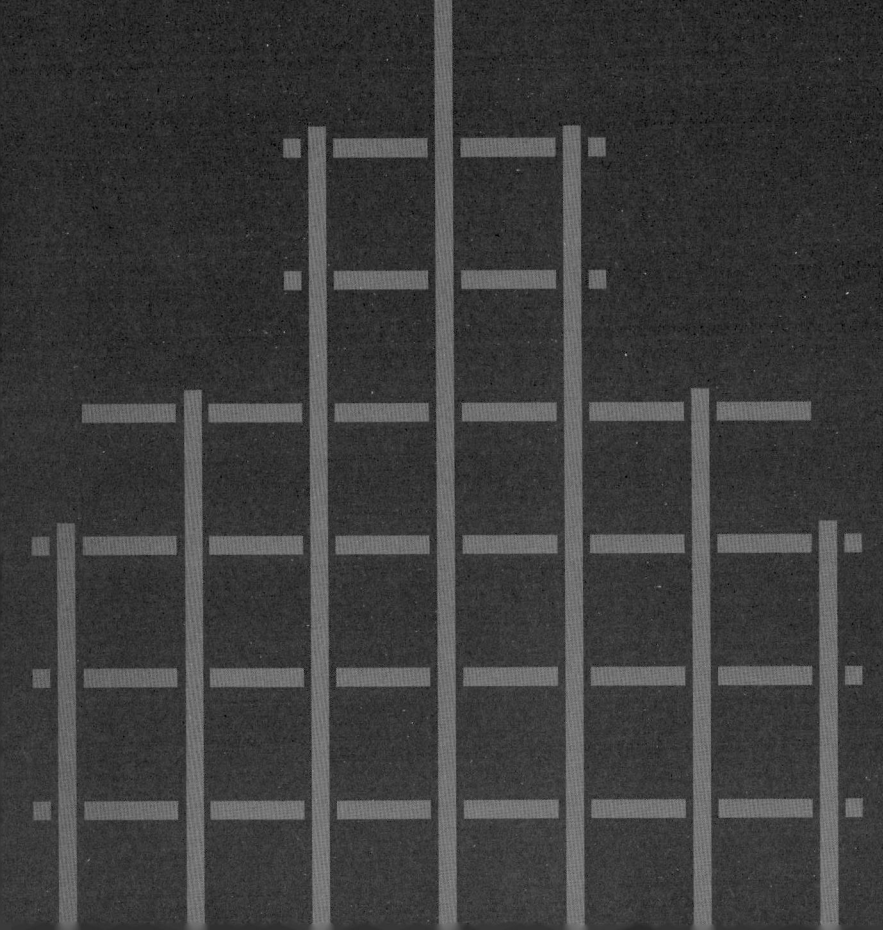

MAXIMIZING BOARD EFFECTIVENESS

어떤 이사회든 효과성을 높일 방법과 절차를 도입하여 거버넌스를 개선할 수 있다. 다음은 이사회 기능을 개선하는 데 효과가 있음이 이미 입증되었고 다양한 단체에 폭넓게 적용하기에도 적합한 실천 지침이다. 이사회는 즉시 실행에 옮기기에 적합하고 향후 채택하고 싶은 것을 선정하면 된다. 물론, 이사회가 효과적인 실천 지침을 다 통합하려면 몇 년이 걸린다. 지금 가장 도움이 될 법한 것부터 시작하라.

이사회 구조 최적화하기

때때로 이사회는 새로운 시각으로 이사회 운영 방식을

살펴보곤 한다. 그러면 조금 조정했으면 하는 부분이 눈에 띈다. 이사회 규모가 너무 커서 효율적으로 굴러가지 않거나 규모가 너무 작아서 시야가 좁은 경우에는, 적절한 수준으로 규모를 조정하기로 결의할 수 있다. 이상적인 규모는 어느 정도인지, 일 년에 회의는 몇 번 하는 게 좋을지 결정할 수 있고, 이사 임기와 임기 제한에 대해 재고할 수도 있다. 예를 들어, 이사회는 관리형 이사회에서 협력형 이사회로 전환하기로 결의할 수 있다.

이렇게 구조를 전환하려면 어떤 단체는 내규를 고치고 이사들의 동의를 얻어야 한다. 그런가 하면, 또 어떤 단체는 단순히 현 내규를 조정하는 것만으로도 더 잘 맞는 구조로 전환할 수 있다.

위원회 남용하지 않기

일부 이사회에는 전체 이사회와 동시에 만나거나 회의 사이에 만나는 상임위원회가 있다. 때로 단체는 위원회가 할 일을 만들어야 한다. 위원회는 안건을 논의하고 결정해서 전체 이사회에 보고하는데, 이사회에서는 위원회의 권고를 뒤집기도 하고, 위원회에서 이미 논의하고 결정한 사항을 다시 논의하고 결정하기도 한다.

만약 배분해야 할 이사회 업무가 있다면, 임시위원회나 임시 특별대책본부를 활용하는 게 좋다. 그들은 임무가 끝나면 더 이상 만나지 않는다. 일부 이사회는 위원회 구조를 그대로 두되 위원회 회의는 바로 중단하고, 이사회 전체가 모이는 전체 회의를 진행한다.

직권으로 단체장을 이사로 임명하기

비영리 단체와 단체장의 책임에 대한 요구가 증가함에 따라, 이사회의 '직권'으로 단체장을 이사로 임명하는 것이 합리적이다. 단체장은 투표로 선출되거나 승인받지 않아도 자동으로 이사회 회의에 참석한다.

단체장은 정식 투표권이 있든 없든 봉사할 수 있다. 사람들은 투표권 유무를 예민하게 받아들이는 경향이 있다. 어떤 이들은 단체장이 스스로 이사회의 진정한 일원이라는 느낌을 가질 수 있게 단체장에게 투표권을 주어야 한다고 말한다. 그런가 하면 또 어떤 이들은 단체장이 이사회에 보고하는 사람임을 명확히 하기 위해 투표권 없이 봉사해야 한다고 말한다. 어쨌든 이사회가 합의를 위해 노력하고 있다면, 단체장에게 투표권이 있는지 없는지는 사실 중요하지 않다.

일부 비영리 단체에서는 단체장이 이사장 역할을 하기

도 한다. 그러나 대다수 기업은 엔론Enron 사태* 이후 이런 관행을 버리고 있다. 기업과 마찬가지로, 비영리 분야에서도 점점 더 많은 단체가 책임 권한을 높이고 묻기 위해 단체장과 이사장의 역할을 분리하고 있다.

이사 영입 파이프라인 구축하기

이사 영입을 주먹구구식으로 처리하는 경우가 너무나 많다. 이사회 회의 때 이사장은 현재 공석인 자리에 적합한 사람의 이름을 말한다. 그러면 단체장이나 이사 한두 명이 그 사람을 만나서 이사로 봉사해 달라고 요청한다. 하지만 나머지 이사들은 신임 이사를 잘 알지도 못할 뿐더러 그가 조직에 알맞은 인물인지 제대로 검증조차 하지 않는다.

비영리 단체는 신임 이사를 보급할 파이프라인을 구축해서 이런 일을 미연에 방지해야 한다. 예를 들어, 특별 후원자 모임을 열면 진정으로 단체에 마음을 쏟는 사람들을 알아챌 수 있다. 자원봉사자들을 알기 위해 그들과 함께 일하거

---

* 엔론 사태(2001년)는 미국 기업사상 대규모 회계 부정 스캔들로 알려져 있으며, 이사회의 독립성 상실과 이사들의 투명성 위기로 인한 거버넌스 실패를 보여 준 사건이었다. 기업의 경쟁력은 거버넌스(지배구조)와 같은 무형 자산에 의해 크게 좌우될 수 있다는 교훈을 주었다.

나 특별 사은 행사를 열 수도 있다. 또한 이사회는 모금개발위원회나 특별행사팀 같은 특별대책본부나 위원회를 만들어서 누구보다 봉사를 잘할 잠재력이 보이는 사람들을 찾아낼 수 있다. 그다음에는 제대로 된 정보를 토대로 신중하게 결정하기 위해, 바람직한 역량이나 관점을 기준으로 후보자를 한 명 한 명 따져 보면 된다.

오리엔테이션 자료 마련하기

신임 이사들은 대부분 예비 교육을 충분히 받지 못한다. 그래서 자신의 역할이 무엇인지 확신하지 못하다가 처음 몇 번의 회의에 참석하면서 보고 배운다. 오리엔테이션을 전혀 하지 않는 이사회도 있다. 그들은 신임 이사들이 곧 요령을 터득할 거라고 멋대로 생각한다. 그러나 단체에 이바지할 준비가 된 상태로 첫 회의에 참석한다면 더 좋을 것이다.

오리엔테이션 자료에는 단체 안내서나 이사회 정책 설명서, 지난 일 년 치 회의록, 현 홍보 자료, 단체 연혁, 이사 직무 설명 및 이사에게 거는 기대, 조직도, 다른 이사들의 약력, 전략 계획 또는 연간 계획, 이사회의 거버넌스 유형을 설명하는 책이나 기사가 포함되어야 한다.

또한 단체는 신임 이사를 누가 만날지, 사무실이나 시

설을 둘러볼지, 신임 이사와 단체장은 언제 약속을 잡을지 등을 명시한 오리엔테이션 절차도 갖춰야 한다.

직무 설명서 활용하기

이사들의 주된 책무가 내규에 명시되어 있더라도, 좀 더 자세한 직무 설명이 별도의 문서로 정리되어 있거나 지도 정책에 담겨 있으면 모든 이사에게 도움이 된다. 실무진 외에 전체 이사진도 문서로 정리된 직무 설명서를 갖고 있어야 한다.

훌륭한 직무 설명서에는 직함, 역할에 대한 간략한 설명, 주요 책임, 환급되는 비용에 대한 설명이 담겨 있다.

기대 사항 명확히 밝히기

직무 설명과 함께 기타 기대 사항도 행동 강령 문서에 싣거나 이사회 정책 설명서에 써넣어야 한다. 기대 사항에는 회의 때 피해야 할 부적절한 행동, 정보 및 의견을 기밀로 유지할 것, 회의에 참석할 수 없을 때는 미리 알릴 것, 특별 행사에 참석할 것, 모금 활동 시 이사의 역할 등을 자세히 설명해야 한다.

권한을 올바로 행사해야 한다는 점도 분명히 밝혀야 한다. 밥 안드링가Bob Andringa는 이사들이 착용할 수 있는 네 가지 모자에 관해 이야기한 바 있다. '거버넌스 모자'는 이사회가 회의하기 위해 공식적으로 모여서 정족수가 채워졌을 때 착용한다. 이사회의 권한은 이사 개개인이 아니라 이사회라는 집단이 갖는다. 회의가 끝나면 거버넌스 모자는 이사회실에 두고 가야 한다. '수행자 모자'는 이사회가 한 명 이상의 이사에게 어떤 과제를 맡겼을 때 착용한다. 이사회는 그들에게 행동할 권한을 구체적으로 부여한다. 예를 들어, 이사회는 특정 이사에게 토지나 건물 매입가를 협상하라고 요청할 수 있다. 협상이 끝나면 그 권한은 이사회라는 집단에 반환된다. '참가자 모자'는 이사회로부터 특별 행사에 참석해 달라는 요청을 받았을 때 착용한다. 이 경우, 그들은 공식적으로 이사회를 대표한다. '자원봉사자 모자'는 이사들이 단체와 마주칠 때마다 착용한다. 이사회라는 집단으로 행동할 때가 아니면, 지휘 권한이나 책임이 없다. 자원봉사자로서 주어진 일을 할 때는 실무자에게 보고하고 실무자의 지휘를 받으며 일해야 한다.

연간 일정표 작성하기

이사회 정책 설명서의 일환으로, 이사회는 회의 때마다 다루어야 할 주제나 처리해야 할 일을 일정표에 기재해야 한다. 예를 들어, 9월에는 예산 설명, 10월에는 예산 초안, 11월에는 최종 예산안을 요청할 수 있다. 매년 6월에는 내규를 검토하도록 일정에 기록할 수 있다. 협력형 이사회는 정책 설명서의 특정 항목을 일 년 내내 검토하고 싶어 할 수도 있다.

연간 일정을 일반 의제와 결합하면 유용하다. 이사장은 먼저 일반 의제를 정한 다음, 연간 일정표에 적힌 적절한 안건과 새로 생긴 기타 안건을 논의 목록에 추가한다. 이런 도구들은 이사회가 일정을 지키고, 회의 때 다루어야 할 중요한 의제를 소홀히 하지 않도록 해 준다.

모니터 일정 수립하기

관리형 이사회나 협력형 이사회는 사소한 부분까지 일일이 간섭하지 않기 위해 일상적인 모니터 일정을 세울 수 있다. 모니터 보고서는 연중 언제든 제출할 수 있다. 예를 들어, 단체는 필요한 보험에 가입해야 한다는 정책을 이사회가 입안했다고 치자. 매년 여름, 이사회는 보험 가입에 관한 증거를 제출하라고 요청할 수 있다. 그러면 단체장은 가입한 모든 보험을 점검하고 필요에 따라 보장 범위를 조정한 다음, 전체 보험 목록과 보험료, 갱신 날짜를 자세히 설명하는 모니터 보고서를 작성한다. 모니터 일정을 수립하면, 이사회는 사소한 부분까지 일일이 간섭하는 실수를 피할 수 있고, 단체장은 제한 정책을 준수하고 있다는 증거를 이사회가 갑자기 요청해도 당황할 일이 없다.

이메일 보고와 유인물

이사들이 회의를 잘 준비하려면, 우편이나 이메일로 모든 보고서와 유인물, 참고 자료를 사전에 받아야 한다. 협력형 이사회라면 회의 며칠 전까지 보고서를 발송해야 한다고 이사회 정책 설명서에 구체적으로 명시할 수 있다. 이사들은 이메일로 받은 보고서를 회의 시간에 볼 수 있게 인쇄하거나 전자 기기에 담아 오면 된다. 종이에 인쇄해서 보는 쪽을 선호하는 이사들도 있고, 전자 기기로 보는 쪽을 선호하는 이사들도 있다.

단체장이 회의 시간에 유인물을 나눠 주거나 더 심한 경우 문서철에 보고서를 이것저것 모으고 있으면, 이사들은 주의가 쉽게 산만해지고 단체장이 하는 말에 귀를 기울이거나 토의에 참여하는 대신 나눠 준 자료를 읽고 있는 경향이 있다.

회의 장소 준비

편안하고 건강한 소통이 이루어질 수 있도록 회의실 배치에 신경 써라. 직사각형의 긴 탁자에 둘러앉으면 서로 시야가 가려져서 모든 참석자의 얼굴을 보기가 쉽지 않다. 가운데 앉은 사람이 의견을 발표하려면 몸을 앞으로 숙이고 양쪽을 번갈아 보아야 한다. 탁자와 의자를 옮길 수 있으면, 원형이나 정사각형, U자형으로 탁자를 배치해서 좀 더 원활하게 토의를 진행할 수 있게 하라. 시청각 장비를 사용할 때는 모든 사람이 편하게 프레젠테이션을 볼 수 있어야 한다.

다과 제공 및 휴식

이사회 회의는 너무 짧은 시간에 너무 많은 자료를 검토해야 해서 휴식 시간 없이 진행되곤 한다. 하지만 휴식 시간과 다과를 제공하면 이사회 효과가 더 올라간다. 성인들 대부분이 90분~120분마다 화장실을 다녀올 수 있는 짧은 휴식 시간이 필요하다. 이 관행을 무시하면 사람들이 다양한 간격으로 회의실을 드나들고, 때로는 그러면서 토의를 방해하게 된다. 비교적 짧은 회의라도 커피나 차, 물을 제공하는 것만으로도 이사들에게 긍정적인 변화가 생긴다. 건강한 간식은 이른 아침이나 저녁 회의 때 필요한 에너지를 공급해 준다.

임원회의 일정 수립

이사회 회의 중간에 열리는 임원회의는 이사들만 참석하는 비공개 토론이다. 매번 이사회 회의를 시작할 때 임원회의를 열라고 권하는 사람이 있는가 하면, 이사회 회의가 끝날 때 임원회의를 열라고 권하는 사람도 있다. 또 더러는 시작할 때도 열고 끝날 때도 열라고 하기도 한다. 이사회 회의가 있을 때마다 정기적으로 임원회의를 열면, 단체장이 없는 자리이므로 이사들이 자유롭게 발언할 수 있고 단체장은 괜히 초조해하지 않아도 된다.

임원회의를 정례화하지 않고 회의 때마다 단체장에게 자리를 비켜 달라고 요청하면, 단체장은 공연히 불안해질 수 있다. 임원회의를 정례화하면, 이사들이 '회의 전 회의'나 회의 후 '주차장 회의'를 할 필요성도 줄어든다. 이사회는 필요성을 느끼든 못 느끼든, 이사회 회의가 있을 때마다 임원회의를 열어야 한다.

합의 의제 활용

합의 의제란 개별적으로 토의할 필요가 없는 일상적인 보고서를 공식적으로 받아서 승인하는 기법이다. 이사장은 이런 보고서를 한데 모으고 그중 논의하고 싶은 게 있는지 이사들에게 묻는다. 그리고 따로 논의하고 싶어 하는 보고서는 빼고, 나머지를 보고받고 승인하기 위해 표결한다. 그다음에 이사회는 따로 빼 두었던 보고서를 놓고 토의한다. 합의 의제 기법을 활용하면 꽤 많은 시간을 절약할 수 있다.

대시보드 만들기

비즈니스에서 대시보드는 하나의 보고서에 담긴 모든 핵심 지표와 함께 데이터를 시각적으로 표시한 것이다. 비영리 단체도 단체의 핵심 지표를 보여 주는 대시보드를 만들 수 있다. 데이터는 막대그래프, 파이형 도표, 선도표線圖表로 표시할 수 있다. 더러는 목푯값에 얼마만큼 가까운지 보여 주기 위해 핵심 지표를 녹색, 노란색, 빨간색으로 표시한다. 어떤 비영리 단체는 목표치에 미달한 12개월 동안의 월별 수입을 도표로 표시하기도 하고, 5년간 특별 행사에서 얻은 수입을 표시하기도 한다. 데이터를 시각적으로 표시하면 수치를 읽기 위해 끙끙대지 않아도 되기 때문에 이사들도 대시보드를 더 좋아한다.

설문 조사

249 이사회는 정책 기반 거버넌스를 위반하지 않고도 단체의 모든 그룹에 대한 설문 조사를 할 수 있다. 설문 조사는 전화로 해도 되고, 인터넷을 이용해도 되고, 직접 만나서 해도 된다.

설문 조사를 통해 이사회는 단체를 속속들이 파악할 수 있다. 설문 대상은 후원자, 실무진, 프로그램에 등록한 아동들의 부모들, 그 밖의 이해 관계자 등 다양하다. 단체가 건강한지 알아보기 위해 단순히 정보를 수집하려는 경우라면 설문 조사가 괜찮은 방법이다. 그런데 이사회가 취득한 정보를 이용해 단체장 업무에 일일이 간섭하거나 프로그램 조정을 요구하면, 문제가 생긴다.

손동작 사용하기

관리형 이사회는 사소한 부분까지 간섭하지 않기 위해 스스로 조심해야 한다. 협력형 이사회는 '미시 관리'뿐만 아니라 아예 '관리' 영역에 개입하지 말아야 한다. 이사 한 명이 레드카드를 들어 올리면, 전체 이사회는 자기들이 지금 이사회 업무를 하고 있는지 실무진 업무를 하고 있는지 점검한 다음, 다시 이사회 본래 업무로 돌아갈 수 있다.

어떤 이사회는 레드카드 대신 작은 막대기에 '정지' 신호를 붙여서 사용하기도 한다. 짧은 타임아웃이 필요할 때는 손가락으로 'T'자 표시를 하는 것도 효과가 있다. 이는 관리형에서 협력형으로 전환 중인 이사회에서 중요하게 쓰이는 기법이다. 사소한 부분까지 참견하는 '미시 관리'에 푹 빠진 신임 이사를 단속하는 데도 유용하다.

합의를 위해 노력하기

대부분의 이사회는 모든 결정과 정식 조치에 대해 가능한 한 합의를 끌어내려고 노력해야 한다. 그런데 일부에서는 합의의 의미를 오해하고 있다. 합의란 모든 사람이 전적으로 동의한다는 뜻이 아니다. 모든 사람이 그 결정에 전적으로 동의하지는 않더라도 다수가 그런 결정을 내린 이유를 소수가 이해하고, 회의가 끝나고 밖에 나가서는 그 결정을 지지하기로 동의한다는 뜻이다. 이렇게 하면, 이사회가 기밀을 유지하고 한목소리를 내기가 훨씬 더 수월해진다.

완전한 합의에 이르려고 애쓰다 보면 이사회가 제 속도를 내지 못한다. 때로는 완전한 합의가 불가능할 수도 있다. 최후의 수단으로, 또는 시간이 너무 부족할 때, 이사장은 간단한 투표를 통해 그 문제를 마무리 짓고 다음으로 넘어가야 한다.

대부분의 이사회는 매 회의가 끝날 즈음 짧은 피드백을 주고받는 시간이 있다. 이때 일반 의제의 일부로 몇 가지 자체 평가 질문을 활용하면 도움이 된다. 무엇이 잘되고 있고 무엇을 개선해야 할지 간단히 물어봐도 된다. 아니면, 다음과 같이 좀 더 구체적으로 질문할 수도 있다.

- 서로 존중했는가?
- 서로의 말을 경청하고 중간에 끼어들지 않았는가?
- 한 팀으로서 협력했는가?
- 우리 자신이 아니라 단체의 필요에 초점을 맞췄는가?
- 관리에 관여하지 않고 거버넌스에 집중했는가?
- 운영에 간섭하지는 않았는가?
- 혹시 무언가에 대해 사과하고 싶은 사람이 있는가?

연간 성과 검토

　단체장도 자기가 어떤 성과를 내고 있는지 알아야 한다. 이사회의 일반적인 피드백은 모호하게 느껴질 수 있다. 그러나 이사회 유형에 따라 성과 평가 과정도 다르다.

　관리형 이사회는 관리가 잘 되는 기업체에서 하듯이 성과를 평가한다. 전체 이사회나 이사 한 명이 단체장을 만나서 기대치와 성과 기준 또는 목표를 세운다. 이사회는 그해 남은 기간에 피드백을 제공한다. 그리고 지정된 시간에 실제 성과를 평가하고, 이를 성과 기준 또는 목표와 비교한다. 그 다음에 이사회는 단체장에게 자체 평가를 요청하고, 이사회가 거기에 동의하는지 동의하지 않는지 토의한다. 그리고 이사회와 단체장이 함께 시정 방법을 찾고 앞으로의 계획을 세운다. 목표는 전문성 계발과 성과 향상이다.

　협력형 이사회는 관리를 위임했으므로 단체장을 감독하고 싶어 하지 않는다. 대신에 단체장을 격려하고 그에게 책임을 맡기고 싶어 한다. 따라서 협력형 이사회는 단체장 개인의 성과가 아니라 단체의 성과에 초점을 맞춘다. 특히, 지난 일 년 간 단체의 목적을 얼마나 이루었고, 지키기 어려웠던 제한 정책은 어떤 것이었는지 알고 싶어 한다. 전년도에 연간 목표를 함께 세웠다면, 이사회는 성과를 달성해 나가는 과정으로서 이를 검토할 것이다. 또한, 어떤 이사회는 단체장이 전문성을 계발할 계획을 세우고 있는지도 확인하고 싶어 한다. 그렇다고 이사회가 전문성 계발 계획을 결정하거나 승인해서는 안 된다. 단체장에게 그럴 계획이 있는지, 그 계획을 지원할 예산이 있는지만 확인해야 한다.

승계 계획 운영

규모가 큰 단체든 작은 단체든, 으레 승계 계획을 소홀히 한다. 이사들은 단체장이 기분 나빠할까 봐 은퇴 계획을 묻지 않는 게 보통이다. 일부 이사회는 아예 자신들의 의무를 방기하고 현 단체장이 자기 손으로 후임을 뽑게 놔둔다. 이사회는 두 종류의 승계 계획이 필요하다. 비상 승계 계획은 현 단체장이 갑자기 몇 달간 직무를 수행할 수 없을 때 누가 단체장 직무를 대행할지 구체적으로 설명한다. 일반 승계 계획은 단체장 후보를 찾고, 후보자 리더십 계발 계획을 설명한다. 규모가 큰 단체는, 단체장 외에 개발 책임자 등 몇몇 중요한 직책까지 승계 계획을 확대할 수 있다. 승계 계획을 세우고 매년 검토하는 이유는 단체를 이끌어 나갈 리더십의 연속성을 유지하기 위해서다.

시간을 들여 관계 구축하기

이사회가 직면하는 많은 문제는 기본적으로 사람들 간의 문제다. 이사회가 관계를 구축하고 팀워크를 키우고 신뢰를 쌓는 데 시간을 들이지 않으면, 생산적으로 협업하기가 더 어려워진다. 이사의 임기가 제한되어 있고 신임 이사가 계속 이사회에 합류하는 상황은 이 문제를 더 크게 만든다.

효과성이 높은 이사회는 이사들 간에 돈독한 관계를 구축하기 위해 시간을 들인다. 어떤 이사회든 회의하러 모였을 때 시간을 들여 개인적인 이야기를 나눌 수 있다. 며칠 멀리 떠나서 모이는 이사회라면, 첫날 저녁에는 일부러 편하게 이야기를 나누는 데만 전념해도 좋다. 벽을 허물고 편안한 분위기에서 서로 알아가도록 함께 식사하는 시간을 마련하는 것도 좋다. 한 달에 한 번 저녁에 모이는 이사회는, 한 시간 일찍 만나서 함께 식사하며 회의를 시작해도 좋다.

관계를 구축하는 데 시간을 들이지 않은 이사회는, 문제를 해결하고 불필요한 갈등을 해소하느라 애서 절약했던 시간을 허비하는 경향이 있다. 관계 구축은 무척 기본적인 일인데도, 많은 이사회가 회의 내내 시간 압박을 느끼는 탓에 놓치는 부분이다.

현장 참관하기

한 단체를 제대로 감독하려면, 단체가 하는 일을 이사들이 기본적으로 이해하고 있어야 한다. 지역 교회와 같은 비영리 단체의 경우, 이사들은 단체가 하는 일을 매주 참관할 기회가 있다. 반대로 국제기구와 같은 비영리 단체의 경우에는 전체 이사회가 단체가 하는 일을 보려면 항공료 등 비용이 많이 든다. 일부 비영리 단체는 이사들도 단체에서 자원봉사를 하라고 요구한다. 하지만 이사회는 이런 요구를 무시하는 편이다. 그렇지 않아도 바쁘게 사는 이사들에게 시간을 더 내 달라고 요구하고 싶지 않기 때문이다. 또한 요즘은 기술 덕분에 그 어느 때보다 쉽게 현장을 참관할 수 있다. 단체에서 벌이는 활동을 직접 참관하고 나면, 이사들은 단체에 시간과 돈과 에너지를 더 쏟고 싶은 마음이 생긴다.

이사 워크숍

연례 워크숍은 대다수 이사회에 추천하는 관행이다. 휴양을 꼭 외지에서 할 필요는 없다. 참석자 전원이 지역민이라면 굳이 1박 2일 할 필요도 없다. 하루 또는 며칠에 걸친 휴양을 통해, 관계를 구축하고 함께 전략적으로 사고할 시간을 충분히 누릴 수 있다. 규모가 작은 비영리 단체라면 추가 비용 없이 토요일 하루 시간을 내서 회의실에서 모임을 진행할 수 있을 것이다.

    리조트나 휴양 센터에서 갖는 워크숍은, 시간과 전문 지식을 아낌없이 내어 주는 이사들에게 감사를 표하는 방법이기도 하다. 관리형 이사회는 이 시간을 이용해 단체장과 함께 연간 계획을 세울 수도 있다. 협력형 이사회는 이 시간을 이용해 목적 정책을 다듬을 수도 있다. 항해형 이사회는 새로운 선택지를 함께 살펴보는 시간을 가질 수도 있다.

이사회 자체 평가하기

    이사회는 2년마다 종합적인 자체 평가(부록2 참조)를 하는 것이 현명하다. 온라인 평가나 지필 평가로 자체 평가를 시행하면, 점수가 가장 높은 영역과 가장 낮은 영역을 빠르게 확인할 수 있다. 이를 통해 이사회의 강점은 강화하고 개선이 필요한 영역에 대해서는 시정 조치를 할 수 있다.

이사들 돋보이게 하기

일부 비영리 단체 이사회는 이사들이 세간의 주목을 받아서는 안 된다고 생각한다. 이는 잘못된 생각이다. 대부분의 비영리 단체는 이사들이 누구인지 알리는 것만으로도 대중의 신뢰를 얻을 수 있다. 고액 기부자들도 이사회 구성원이 믿을 만한 사람들일 때 기부할 마음이 더 생길 것이다. 웹사이트에 명단을 나열하는 것 외에도, 사람들이 흥미를 느낄 만한 자세한 이야기와 사진을 함께 공유하면 더 신뢰를 얻을 수 있다. 예를 들어, 이사들은 어떻게 그 단체와 인연이 닿았는가? 살아오면서 열정을 쏟은 대상은 무엇이었나? 직업은? 지금 어떤 일을 하며 살고 있나? 등의 이야기를 나누는 것이다.

회원들과 서비스 이용자들은 이사회에서 봉사하는 사람이나 이사회가 하는 일 따위에는 별로 관심이 없을지도 모르지만, 이사진을 공개하면 신뢰를 쌓는 데 도움이 된다. 어떤 단체든 웹사이트에 한 페이지를 따로 할애해 이사들에 관한 정보를 게재할 수 있다. 건물도 있고 그 건물에서 정기 모임을 갖는 단체라면 현 이사진의 사진과 정보를 벽에 게시해도 좋다.

외부 지도 받기

비영리 단체 이사들은 거버넌스를 스스로 파악해야 한다고 생각하는 경향이 있다. 그러나 어떤 이사회든 경험이 폭넓은 다른 사람에게 무료 또는 유료로 지도를 받아야 한다. 예를 들어, 이사회를 이끌어 나가는 법을 배우고 싶은 신임 이사장은 전임 이사장이나 전문가를 찾아가야 한다. 입장이 서로 다른 단체장과 이사장은 도움을 줄 수 있는 사람을 찾아가 서로 방해하지 않고 협업하는 법을 배워야 한다. 기능을 전환하려고 준비 중인 이사회는 전에 이런 변화를 주도해 본 적이 있는 사람을 데려다 배워야 한다. 특히, 항해형 이사회는 단체가 나아갈 전략적이고 새로운 방향을 잡는 데 필요한 전문 지식을 제공해 줄 외부 인력을 데려다 배워야 한다.

끊임없이 배우기

모든 이사회는 이사진을 지속적으로 교육하는 데 필요한 시간과 예산을 따로 배정해야 한다. 이사진이 일 년에 책 한 권을 같이 읽는다는 목표를 세우는 것도 한 방법이다. 거버넌스에 관한 책도 좋고 그들이 활동하고 있는 분야에 관한 책도 좋다. 지역 사회 지도자나 비영리 분야 리더를 이사회 회의에 초빙해, 관련 환경이 어떻게 변하고 있는지 최신 정보를 습득하는 것도 한 방법이다. 어떤 이사회는 이사들을 위해 돈을 쓴다는 비난을 받을까 두려워서 책 구입이나 강사 초빙도 꺼린다. 그런가 하면 어떤 이사회는 너무 바쁘다는 이유로 배우길 거부하기도 한다. 그러나 이사회 교육에 조금만 투자하면, 이사진의 역량이 강화되고 단체에 크게 이바지할 수 있게 된다. 그게 바로 이사회가 해야 하는 일 아닐까?

12장

효과성이 높은 이사회

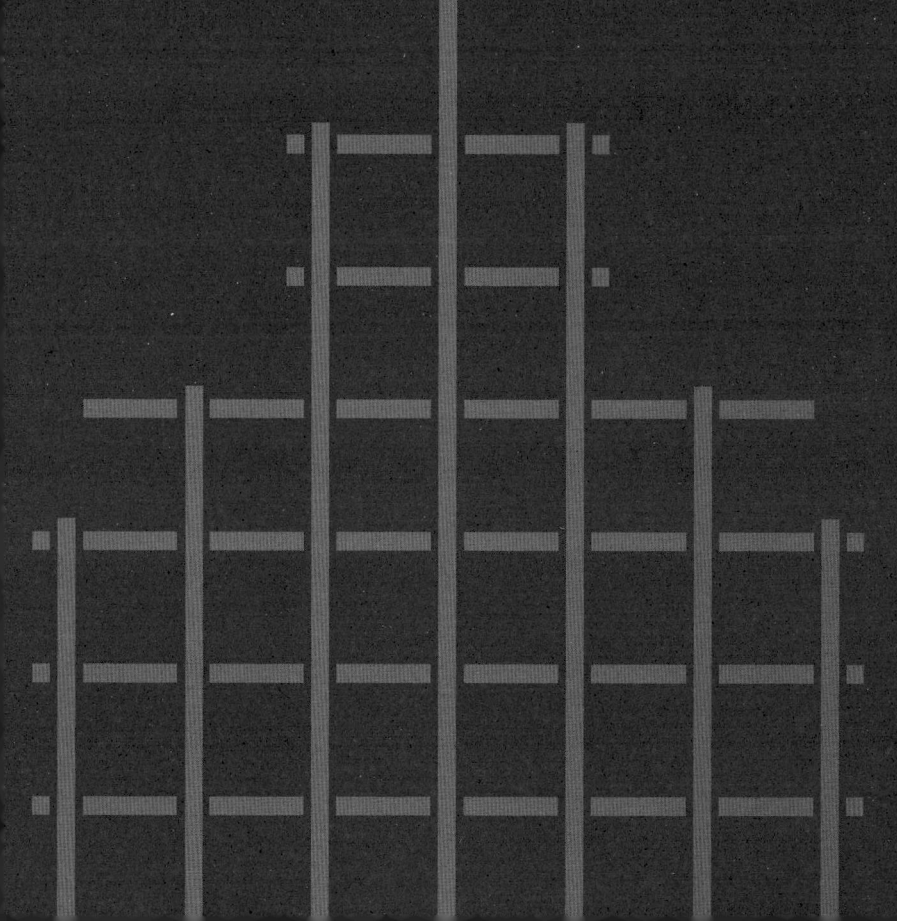

MAXIMIZING BOARD EFFECTIVENESS

이 책을 다 읽었으니, 이제 당신은 여기 나온 원칙과 실천 지침을 실행에 옮기고 싶은 마음이 굴뚝같을 것이다. 이사회의 효과성을 높이기 위해 할 수 있는 일은 뭐든 하고 싶을 것이다.

이 책은 적응형 거버넌스를 위한 안내서다. 적응형 거버넌스는 이사회가 단체를 감독하면서 관련 환경에 생기는 변화를 계속 주시한다는 뜻이다. 적응형 거버넌스는 잠재적 위험과 그 위험을 완화할 방법을 모색하면서 언제 나타날지 모를 새로운 기회를 노린다. 조직의 생애 주기상 단체가 지금 어디쯤 자리하고 있는지 파악하고, 필요에 따라 거버넌스를 조정한다. 적응력이 뛰어난 이사회는 자기들이 감독하는 단체에 중요한 공헌을 하는 편이다.

여러분의 이사회가 지금의 거버넌스에서 다른 유형의 거버넌스로 전환해야 된다는 생각이 들면, 관리형 이사회, 협력형 이사회, 항해형 이사회를 놓고 심도 있는 논의를 시작하라. 각 유형이 어떻게 다른지 모두가 이해했는지 확인하라. 이 유형에서 저 유형으로 거버넌스를 전환할 때는 철저한 계획에 따라 다 함께 진행해야 한다. 합의에 이르기 위해 노력하고, 거버넌스를 전환할 구체적인 날짜를 정하라. 반대에 부딪힐 것에 대비하라. 겨우 한두 번의 회의로 거버넌스를 전환해서는 안 된다. 거버넌스 전환 작업은 보통 몇 년에 걸쳐, 또는 상황이 바뀌어 거버넌스를 또다시 전환해야 할 때까지 계속해야 한다.

만약 올바른 모드로 운용되고는 있으나 좀 더 효과성을 높이고 싶다면, 이사회를 끊임없이 개선해 나간다는 마음가짐이 필요하다. 이사들을 불러서, 이 책 부록에 실린 설문지나 온라인에서 구할 수 있는 다른 평가 도구를 이용해 자체 평가를 시행하는 것부터 시작해도 좋다. 어떻게 하면 이사회가 더 효과적으로 작동할 수 있을지 해법을 찾기 위해 이사 워크숍을 갖는 것도 권할 만하다. 효과가 낮은 이사회는 일반적으로 역기능을 해결하기를 꺼린다는 점에 유의하라.

당신은 이 책에서 설명한 최고의 실천 지침을 대부분 통합하고 싶을 것이다. 작고 쉬운 변화부터 시작하라. 유익을 즉각적으로 경험하고 나면, 변화를 수용하려는 쪽으로 이사회의 태도가 달라질 것이다. 오래된 버릇은 고치기 어렵다는 사실을 기억하라. 작은 변화를 계속 시도해 가면 시간이 지날수록 효과성이 올라갈 것이다.

이사들은 이사회 성과를 늘 염두에 두어야 한다. 그러나 대다수가 그러지 않는다. 모일 때마다 다루어야 할 의제는 많고 시간은 부족하기 때문이다. 이사회는 지금 단체가 직면한 문제에 초점을 맞추어야 한다는 압박감을 느낀다. 그러니 이사회가 효과가 높은지 낮은지 걱정할 시간이 있겠는가?

효과성이 높은 이사회는 단체가 직면한 가장 큰 문제와 도전 과제 해결하기를 두려워하지 않는다. 만약 단체가 쇠퇴하고 있다면, 이사회는 이에 관해 이야기해야 한다. 만약 세상이 변하고 있어서 단체가 거기에 적응해야 한다면, 무엇을 바꾸어야 할지 이사회는 논의를 시작해야 한다. 어쩌면 아무도 이야기하고 싶어 하지 않는 문제를 당신이 끄집어내야 할지도 모른다. 말할 필요도 없는 당연한 이야기를 당신이 나서서 해야 할 수도 있다.

거버넌스 코치 리베카 베이싱어Rebekah Basinger는 이사회를 주제로 박사 학위 논문을 썼다. 그는 연구를 진행하던 중, 소규모 대학 네 곳의 25년 전까지 거슬러 올라가는 회의록을 주의 깊게 조사했다. 그리고 이사회가 자기네 대학이 직면한 문제를 놓고 이야기를 나누기는 했지만, 문제 해결에까지 관심을 기울이지 않았다는 사실을 발견했다.

여기 나온 원칙과 실천 지침을 실행에 옮기는 작업은 그리 호락호락하지 않다. 그냥 문제를 하나 골라서 푼 다음, 다음 문제로 넘어가면 되는 게 아니다. 대개 이사회가 맞닥뜨리는 문제는 복잡하게 얽혀 있어서 해결하기가 쉽지 않다.

복잡한 문제

효과성이 높은 이사회는 자신의 문제를 해결한다. 그들은 단체가 직면한 도전 과제뿐 아니라, 이사회라는 집단이 낳는 역기능도 해결한다. 그런데 그렇게 하려면 용기가 필요하다.

어떤 이사회나 문제가 똑같이 생기지는 않는다. 효과성을 높이고 싶어 하는 이사회는 저마다 다른 해법이 필요한 다양한 문제가 있다는 사실을 깨닫는다. 단체장과 이사회는 '온순한tame' 문제, '뒤죽박죽 얽힌messy' 문제, '짓궂은wicked' 문제에 직면해 있다.

'짓궂은 문제'라는 용어는 디자인 이론가 호르스트 리텔Horst Rittel이 만들었다. 그는 정의하기 어렵고 복잡한 문제를 가리켜 '짓궂은 문제'라고 불렀다. 짓궂은 문제가 생기는 방식에는 몇 가지가 있다. 때로는 해법을 찾을 때까지 문제를 이해하지 못할 수도 있다. 시간이 흐르면서 문제를 해결하는 데 필요한 요구 조건이 바뀌기도 한다. 이런 문제에는 유일한 해결책이나 정답이 없다. 짓궂은 문제는 기술적으로 복잡하다.

'시스템 사고' 운동의 선구자 러셀 애코프Russell L. Ackoff는 해결되지 않으려고 저항하는 상호 연관된 일련의 문제를 가리켜 '뒤죽박죽 얽힌 문제'라고 불렀다. 대인 갈등, 데이터 부족, 경제적 제약, 그리고 무수한 개입점介入點이 여기에 연루된다. 뒤죽박죽 얽힌 문제는 해결하는 게 아니라 기껏해야 관리하는 게 전부다. 사회 시스템과 관련이 있으므로 이런 문제는 사회적으로 복잡하게 얽혀 있다.

기술적 복잡성과 사회적 복잡성이 결합하면, 이사회가 맞닥뜨리게 되는 네 종류의 문제가 생긴다. 기술적 복잡성을 효과적으로 처리하려면, 인지 기술cognitive skill(과제를 해결하기 위해 신속하게 비교하고, 관련된 정보를 기억하고, 연관성을 찾아내는 고차원적 사고와 관련된 기술-옮긴이)이 뛰어난 이사들이 필요하다. 그리고 사회적 복잡성을 효과적으로 처리하려면, 관계 기술이 뛰어난 이사들이 필요하다.

온순한 문제는 수용 가능한 해법을 찾아가는 단순한 접근법을 활용하면 해결할 수 있다. 그렇다고 늘 쉽게 해결되지는 않지만, 적어도 이사회가 따라야 할 기본 절차는 있다. ⑴ 문제 정의하기, ⑵ 정보 수집하기, ⑶ 가능한 대안을 자

	높음		
기술적 복잡성		짓궂은 문제	뒤죽박죽 얽힌 짓궂은 문제
		온순한 문제	뒤죽박죽 얽힌 문제
	낮음		
		낮음　**사회적 복잡성**　높음	

유롭게 제시하기, (4) 각 대안의 장단점 따져 보기, (5) 해법 결정하기, (6) 해법을 실행에 옮기기. 온순한 문제는 회색 영역이 적다. 모든 이사가 문제를 이해하고, 어떤 일이 일어나야 하는지 알고, 앞으로 나아갈 가장 나은 방법에 동의한다.

짓궂은 문제는 해법을 찾아가는 단순한 접근법을 제공하지 않는다. 경계가 불분명하고 정의하기 어려운 문제다. 이런 문제는 여러 가지 관점에서 볼 수 있다. 이사들은 문제를 파악하고 실행 가능한 해법을 내놓는 데 어려움을 겪는다. 이런 문제는 경쟁적 가치를 포함하거나 전문 지식을 요구할 수도 있다. 온순한 문제에 대처할 때와 같은 방식으로 접근할 수가 없다. 짓궂은 문제에 부딪히면, 이사회는 고등 분석 기법을 사용하고, 도움을 받기 위해 전문가를 데려와야 한다. 가능한 대안을 몇 가지 찾아낼 수는 있지만, 그중 완전히 수용 가능한 해법은 없다. 이런 종류의 문제에 직면했을 때 이사회는 합의를 끌어내기 위해 고군분투한다.

뒤죽박죽 얽힌 문제는 사회적 구조 안에서의 상호 작용과 사회적 구조 간의 상호 작용이 연루되어 있다. 예를 들면, 이사회 안에서 이사 두 명이 잘 어울리지 못하고 있다. 게다가 실무진과 이사회는 '우리 대 저들'로 서로를 바라본다. 한 실무자는 이사 한 명과 친척 관계다. 그런 상황에서 누군가 승진에서 탈락했다. 설상가상으로 사람들은 이제까지 해 온 방식을 고수하고 싶어 한다. 이사들은 짓궂은 문제에 대처할 때와 같은 방식으로 이 문제에 접근할 수 없다. 정보를 더 많이 수집하고 분석을 더 많이 해도 도움이 되지 않을 수 있다. 뒤죽박죽 얽힌 문제에 대처하려면, 감성 지능과 대인 관계 기술이 뛰어난 이사들이 필요하다. 이런 문제를 풀려면 집단 역학을 알아야 한다. 뒤죽박죽 얽힌 문제를 어설프게 건드렸다가는 이사회에 대한 신뢰가 와르르 무너질 수 있다.

뒤죽박죽 얽힌 짓궂은 문제는 기술적 복잡성과 사회적 복잡성이 겹친 경우다. 이런 문제는 해결하기까지 오랜 시간이 걸리거나 아예 처리하기 어려울 수도 있다. 때로는 서로 연관된 몇 가지 문제를 수반하기도 한다. 뒤죽박죽 얽힌 짓궂은 문제는 단체를 분열시키거나, 실무진을 화나게 하거나, 서비스 이용자에게 실망을 안겨 줄 가능성이 크다. 이 문제를 해결하고자 시도하는 모든 조치는 또 다른 문제를 낳는 경향이 있다. 이사회는 어떻게든 이 혼란을 정리해 나가거나, 자연스레 없어지게 놔두거나, 이 상황을 '뉴 노멀'로 선언하고 혼란과 더불어 살아가기로 결정을 내릴 수 있다.

이사회가 이런 복잡한 문제들에 대처하려면 IQ와 EQ, 인지 지능과 감성 지능 둘 다 필요하다. 이사회를 도우려고 할 때, 또는 단체의 효과성을 높이려고 할 때 저항에 부닥쳐도 낙담하지 마라.

다음 단계

효과성이 높은 이사회는 자신들의 문제를 해결한다. 그럼, 다음 단계는 뭘까?

당신이 이사장이든, 이사든, 단체장이든 상관없다. 당신이 누구든, 어떤 유형의 이사회가 되어야 할지 숙고하는 시간을 갖자고 이사회에 제안할 수 있다. 이사회의 효과성을 높이기 위해 노력하자고 제안할 수도 있다. 당신이 누구든, 단체의 관련 환경에 좀 더 관심을 기울여야 한다고 이사회에 촉구할 수 있다. 당신이 누구든, 구체적인 새 실천 지침을 채택하는 방안을 고려하자고 이사회에 제안할 수 있다.

　　이사회의 효과성을 극대화하기 위해 당신이 할 수 있는 일을 하라. 바로 지금!

부 록

부록 1 토론 가이드

이사회의 효과성을 어떻게 높일 것인가를 주제로 자연스레 대화가 이루어지도록 다음에 나오는 질문들을 활용하라. 이사들에게 이 책을 한 권씩 나눠 준 뒤, 회의 때마다 한 장 또는 세 장을 정해서 함께 토론하라. 혹은 지금 여러분 상황과 가장 관련이 높은 장을 선택해서 토론을 진행해도 좋다.

1. 효과성이 낮은 이유

- 미니마트 이야기에서 여러분은 어떤 통찰을 얻었는가?
- 지난 일 년 동안 여러분이 감독하는 단체가 이사회 회의에 쓴 식비와 여비는 얼마이고, 실무진이 이사회 회의를 준비하는 데 들인 시간은 얼마인가?

- 여러분의 이사회는 온전하게 단체에 이바지하기 위해 무엇을 제공하고 있는가?

2. 거버넌스를 둘러싼 혼란
- 이 이사회에 처음 합류했을 때 어떤 점이 혼란스러웠는가?
- 목록 중 더 논의하고 싶은 항목은 무엇인가?
- 여러분은 전에 어떤 이사회에서 봉사했었는가? 그때의 경험을 통해 무엇을 배웠는가?

3. 이사회의 세 가지 유형
- 이사들은 이 이사회에서 법적 의무를 어떻게 이행해야 하는가?
- 블랙박스 비유에서 여러분이 새로 얻은 통찰은 무엇인가?
- 여러분이 속한 이사회는 어떤 유형의 이사회이고, 앞으로 어떤 유형의 이사회가 되길 원하는가?

4. 관리형 이사회
- 관리형 이사회가 효과적으로 작동하는 모습을 본 적이 있는가? 있다면 언제였는가?
- 관리형 이사회의 이사들이 빠지기 쉬운 유혹은 무엇인가?
- 관리형 이사회가 성공하는 데 가장 중요한 작용을 하는 요인은 무엇이라고 생각하는가?

5. 협력형 이사회
- 협력형 이사회가 효과적으로 작동하는 모습을 본 적이 있는가? 있다면 언제였는가?
- 협력형 이사회의 이사들이 빠지기 쉬운 유혹은 무엇인가?
- 협력형 이사회가 성공하는 데 가장 중요한 작용을 하는 요인은 무엇이라고 생각하는가?

6. 항해형 이사회
- 항해형 이사회가 효과적으로 작동하는 모습을 본 적이 있는가? 있다면 언제였는가?
- 항해형 이사회의 이사들이 빠지기 쉬운 유혹은 무엇인가?
- 항해형 이사회가 성공하는 데 가장 중요한 작용을 하는 요인은 무엇이라고 생각하는가?

7. 모드 전환하기
- 전에 이사회 모드 전환을 경험한 적이 있는가? 있다면 언제였는가?
- 여러분의 이사회는 지금 어떤 모드로 전환해야 한다고 생각하는가?
- 여러분의 이사회와 단체가 앞으로 어떤 장애물에 부닥칠 것으로 예상하는가?

8. 전략 수립과 이사회 역할

- 이사회가 전략 수립에 어느 정도 관여해야 한다고 생각하는가?
- 조직의 생애 주기상 여러분의 단체는 지금 어디쯤 자리하고 있고, 현재 여러분은 어떤 전략을 세우고 있는가?
- 전략 검토 주기와 관련하여 여러분의 이사회에 적합한 리듬은 무엇인가?

9. 기금 모금과 이사회 역할

- 이사회에 합류해 달라는 제안을 받았을 때, 개인 기부 및 모금 활동과 관련하여 이사회가 여러분에게 기대하는 바를 어느 정도 자세히 들었는가?
- 모금과 관련하여 이사회는 현재 어떤 역할을 하고 있고, 당신은 이사회가 어떤 역할을 하길 바라는가?
- 여러분의 단체가 현재 활용하는 모금 전략은 무엇이고, 어떤 새로운 기회가 있을 것으로 생각하는가?

10. 난관에 부닥치는 순간들

- 여러분의 단체는 지금 이사회 차원에서 어떤 난관을 겪고 있는가?
- 이런 난관이 계속되는 근본적인 요인은 무엇인가?
- 이사회가 가장 먼저 해결해야 할 난관은 무엇이고, 그 난

관을 헤쳐 나가려면 어떻게 해야 하는가?

11. 난관을 돌파하게 돕는 도구들
- 거버넌스 모범 지침 중 현재 몇 개나 실천하고 있는가?
- 이사회에서 채택하고 싶은 상위 5개의 실천 지침은 무엇인가?
- 이사회가 효과성을 높이는 작업에 시간을 할애하지 못하는 이유는 무엇인가?

12. 효과성이 높은 이사회
- 이 이사회에서 적응형 거버넌스는 무엇을 의미하는가?
- 여러분의 단체가 맞닥뜨린 '짓궂은 문제'의 예를 들자면 어떤 것이 있는가?
- 여러분의 단체가 맞닥뜨린 '뒤죽박죽 얽힌 문제'의 예를 들자면 어떤 것이 있는가?

부록 2 이사회 자체 평가

이사회는 해마다 구조, 구성, 전반적인 효과성을 평가해야 한다. 다음에 나오는 질문들은 이사회가 자체 평가에 활용할 수 있는 것이다. 이사들은 각자 자체 평가를 수행한 뒤, 점수가 낮게 나온 항목은 토론을 통해 원인과 개선 방향을 찾아보라.

아래 기준으로 각 질문에 1~5점으로 답하라.

5 = 이 부분만큼은 매우 잘하고 있다.
4 = 비교적 잘하고 있고, 변화가 필요하지 않다.
3 = 개선 방향을 논의할 필요가 있다.
2 = 약간의 수정이 필요하다.
1 = 중대한 변화가 필요하다.

이사회 구조

1. 우리 이사회는 지금 가장 알맞은 수준의 이사 수를 확보하고 있다.
   | 1 | 2 | 3 | 4 | 5 |

2. 우리는 매년 이사회 업무를 처리하기에 적절한 횟수로 회의를 열고 있다.
   | 1 | 2 | 3 | 4 | 5 |

3. 우리는 이사 영입에 필요한 절차를 잘 갖추고 있다.
   | 1 | 2 | 3 | 4 | 5 |

4. 우리는 신임 이사에게 필요한 예비 교육 절차를 철저히 갖추고 있다.
   | 1 | 2 | 3 | 4 | 5 |

5. 우리는 명확한 거버넌스 스타일을 선택했다.
   | 1 | 2 | 3 | 4 | 5 |

6. 단체장과 이사장의 역할을 모두 명확히 구분하고 있다.
   | 1 | 2 | 3 | 4 | 5 |

7. 단체장은 직무상 이사이지만 투표권은 없다.
   | 1 | 2 | 3 | 4 | 5 |

8. 실무진을 모집, 채용, 평가, 해고할 책임은 단체장에게 있다.
   | 1 | 2 | 3 | 4 | 5 |

9. 이사장과 단체장은 협업하기 위해 정기적으로 소통한다.
   | 1 | 2 | 3 | 4 | 5 |

이사회 구성원

10. 우리 이사들은 단체의 사명과 비전에 대한 열정이 있다.
| 1 | 2 | 3 | 4 | 5 |

11. 우리 이사들은 단체와 단체가 진행하는 프로그램에 관해 잘 알고 있다.
| 1 | 2 | 3 | 4 | 5 |

12. 우리 이사들은 거버넌스 모범 지침을 이해하고 있다.
| 1 | 2 | 3 | 4 | 5 |

13. 우리 이사회는 신임 이사가 갖추어야 할 자질과 능력에 관한 명확한 기준을 가지고 있다.
| 1 | 2 | 3 | 4 | 5 |

14. 우리는 일 년 내내 이사 후보자 명단을 구축한다.
| 1 | 2 | 3 | 4 | 5 |

15. 전체적으로 볼 때 우리 이사회는 필요한 지식과 기술을 모두 갖추고 있다.
| 1 | 2 | 3 | 4 | 5 |

16. 우리 이사들은 단체에 충실하고 우리가 좇는 대의를 위해 헌신하고 있다.
| 1 | 2 | 3 | 4 | 5 |

17. 우리는 이사장 직무 설명서를 문서로 정리해 놓았다.
| 1 | 2 | 3 | 4 | 5 |

18. 우리는 그 밖의 모든 임원을 위한 직무 설명서를 문서로 정리해 놓았다.
| 1 | 2 | 3 | 4 | 5 |

19. 우리는 상임 이사들을 위한 직무 설명서를 문서로 정리해 놓았다.

| 1 | 2 | 3 | 4 | 5 |

20. 우리는 모든 이사가 준수해야 할 행동 강령을 문서로 정리해 놓았다.

| 1 | 2 | 3 | 4 | 5 |

21. 우리 이사회에는 이사들이 매년 서명해야 하는 '이해 충돌 방지 실천 서약서'가 있다.

| 1 | 2 | 3 | 4 | 5 |

22. 우리 이사회에는 이사들이 퇴임할 때 예우를 갖추는 관례가 있다.

| 1 | 2 | 3 | 4 | 5 |

이사회 회의

23. 우리는 의제 설정을 원활히 하는 데 필요한 표준 형식을 갖추고 있다.

| 1 | 2 | 3 | 4 | 5 |

24. 이사회 회의는 너무 길지도 너무 짧지도 않다.

| 1 | 2 | 3 | 4 | 5 |

25. 이사장이 회의를 매끄럽게 잘 진행한다.

| 1 | 2 | 3 | 4 | 5 |

26. 이사회는 전략적 현안에 시간을 최대한 쓰기 위해 '합의 의제'를 활용한다.

| 1 | 2 | 3 | 4 | 5 |

27. 이사들이 토론과 대화에 적극적으로 참여한다.

| 1 | 2 | 3 | 4 | 5 |

28. 이사들은 서로의 말을 경청하고 서로 존중한다.

| 1 | 2 | 3 | 4 | 5 |

29. 유인물은 업무에 필요한 최소한만 사용한다.

| 1 | 2 | 3 | 4 | 5 |

30. 이사회는 특별한 현안을 처리하기 위해 단기 임시위원회를 활용한다.

| 1 | 2 | 3 | 4 | 5 |

31. 우리는 단체의 성과를 모니터하는 데 필요한 정보에 접근할 수 있다.

| 1 | 2 | 3 | 4 | 5 |

32. 보고서는 실무진이 아니라 이사회가 주도한다.

| 1 | 2 | 3 | 4 | 5 |

33. 이사회가 원하는 보고서를 구체적으로 밝힌다.

| 1 | 2 | 3 | 4 | 5 |

34. 이사회 회의가 열릴 때마다 회의 초반이나 끝에 짧게 간부 회의를 한다.

| 1 | 2 | 3 | 4 | 5 |

35. 이사회 회의에 이사진의 교육 및 사회적 교류를 위한 시간이 마련되어 있다.

| 1 | 2 | 3 | 4 | 5 |

36. 이사회는 관계를 구축하고 전략에 집중하기 위해 정기적으로 워크숍을 갖는다.

| 1 | 2 | 3 | 4 | 5 |

37. 이사회는 회의가 끝날 때마다 행동을 평가하고 개선 방향을 제안한다.

1 2 3 4 5

이사회 정책

38. 이사회는 정책을 쉽게 찾아볼 수 있도록 문서로 잘 정리해 놓았다.

1 2 3 4 5

39. 이사회 정책은 간략하되 포괄적이다.

1 2 3 4 5

40. 이사회 정책 설명서의 한 항목은 희망하는 결과를 설명한다.

1 2 3 4 5

41. 이사회 정책 설명서의 한 항목은 실무진이 하지 말아야 할 제한 사항을 설명한다.

1 2 3 4 5

42. 이사회 정책 설명서의 한 항목은 이사회와 실무진의 관계 및 역할을 설명한다.

1 2 3 4 5

43. 이사회 정책 설명서의 한 항목은 이사회가 업무를 처리하는 방식을 설명한다.

1 2 3 4 5

44. 이사회 정책은 이사회가 말하는 바를 의미하고, 이사들은 정책에

동의한다.

`1 2 3 4 5`

45. 이사회 정책은 최신 상태이고, 일 년에 한 번 이상 검토한다.

`1 2 3 4 5`

46. 이사회는 정책 설명서를 활용하여 적극적으로 지휘한다.

`1 2 3 4 5`

수탁 책임

47. 우리 이사들은 단체를 재정적으로 후원하는 기부자들이다.

`1 2 3 4 5`

48. 이사들은 모금 활동과 관련하여 자신의 역할이 무엇인지 이해하고 이를 수행한다.

`1 2 3 4 5`

49. 이사들은 기금을 모금하고 단체의 활동 권역을 확대하기 위해 인맥을 효과적으로 활용한다.

`1 2 3 4 5`

50. 이사회가 단체에 필요한 자원을 확보하고자 세운 수입 전략이 있다.

`1 2 3 4 5`

51. 이사들은 예산 및 재무 보고서를 이해하고 있다.

`1 2 3 4 5`

52. 이사회는 단체의 실제 재무 상태와 예측 상황을 적극적으로 모니터하고 있다.

1 2 3 4 5

53. 이사회는 재정 부족 문제를 바로잡기 위해 기꺼이 조치를 취할 것이다.

1 2 3 4 5

단체의 성과

54. 이사회는 단체의 성과를 평가할 척도를 마련해 놓았고, 거기에 초점을 맞추고 있다.

1 2 3 4 5

55. 이사회는 단체의 전략적 방향을 결정 또는 승인한다.

1 2 3 4 5

56. 이사회는 전략적 계획 및 수단을 모니터하고 있다.

1 2 3 4 5

57. 이사회는 모든 단계에서 투명하고 진실하고 책임감 있는 문화를 장려한다.

1 2 3 4 5

58. 이사회는 단체의 전반적인 성과를 효과적으로 감독하고 있다.

1 2 3 4 5

실무 책임자 계발

59. 이사회는 단체장을 통해 책임을 위임하고 있다.
| 1 | 2 | 3 | 4 | 5 |

60. 이사회는 단체장에게 결과에 대한 책임을 묻는다.
| 1 | 2 | 3 | 4 | 5 |

61. 이사회는 단체장의 업무를 일일이 챙기거나 간섭하지 않는다.
| 1 | 2 | 3 | 4 | 5 |

62. 이사회는 매년 단체의 성과를 평가한다.
| 1 | 2 | 3 | 4 | 5 |

63. 이사회는 승계 계획을 감독한다.
| 1 | 2 | 3 | 4 | 5 |

64. 이사회는 단체장의 급여와 복리 후생을 포함한 보수를 결정한다.
| 1 | 2 | 3 | 4 | 5 |

65. 이사회는 단체장을 적극적으로 지원하고 격려한다.
| 1 | 2 | 3 | 4 | 5 |

의사소통과 규정 준수

66. 이사회는 단체가 필요한 보험에 가입했는지 확인하고 있다.
| 1 | 2 | 3 | 4 | 5 |

67. 이사회는 단체가 법적 요건을 모두 충족하는지 확인하고 있다.

　　　　　　　　　　　　　　　　　| 1 | 2 | 3 | 4 | 5 |

68. 이사회는 단체의 이해 당사자에게 충분한 정보를 제공하고 있다.

　　　　　　　　　　　　　　　　　| 1 | 2 | 3 | 4 | 5 |

69. 이사회는 단체의 청렴성을 잘 지키고 있다.

　　　　　　　　　　　　　　　　　| 1 | 2 | 3 | 4 | 5 |

70. 이사들은 서비스 이용자들과 지역 사회 앞에서 단체를 대표하는 대사 역할을 하고 있다.

　　　　　　　　　　　　　　　　　| 1 | 2 | 3 | 4 | 5 |

전반적인 효과성

71. 이사들은 자신들이 단체의 이해 당사자를 위해 봉사하는 수탁자임을 이해하고 의무를 성실히 수행하고 있다.

　　　　　　　　　　　　　　　　　| 1 | 2 | 3 | 4 | 5 |

72. 이사회는 단체의 자원을 잘 관리하고 있다.

　　　　　　　　　　　　　　　　　| 1 | 2 | 3 | 4 | 5 |

73. 이사회는 단체의 전반적인 생산성을 효과적으로 개선하고 있다.

　　　　　　　　　　　　　　　　　| 1 | 2 | 3 | 4 | 5 |

74. 이사회는 단체가 지속 가능한 방법으로 사명을 이루어 나가도록 효과적으로 돕고 있다.

| 1 | 2 | 3 | 4 | 5 |

75. 이사회는 단체의 성과를 나타내는 주요 지표를 모니터할 시스템을 갖추고 있다.

| 1 | 2 | 3 | 4 | 5 |

76. 이사회는 단체를 폐쇄하거나 다른 단체와 합병해야 하는 이유와 시기와 방법을 알고 있다.

| 1 | 2 | 3 | 4 | 5 |

77. 이사회는 거버넌스 과정을 끊임없이 개선해 나갈 시스템을 갖추고 있다.

| 1 | 2 | 3 | 4 | 5 |

ⓒ James C. Galvin, 2020.
저자에게 이메일(jim@galvinandassociates.com)을 보내면,
온라인 설문 조사와 더불어 평가 결과와 실시간 피드백을 받을 수 있다.

굿 거버넌스, 어떻게 할 것인가 효과적인 비영리 이사회 경영하기

제임스 갤빈 지음
이은진 옮김

2021년 12월 27일 초판 1쇄 발행

펴낸이 김도완
등록 제406-2017-000014호 (2017년 2월 1일)
전자우편 viator@homoviator.co.kr
전화 02-929-1732

편집 김현정
제작 제이오
제본 라정문화사

ISBN 979-11-91851-16-8　03320

펴낸곳 비아토르
주소 서울시 종로구 삼일대로 428, 500-26호
　　　(우편번호 03140)
팩스 02-928-4229

디자인 즐거운생활
인쇄 (주)민언프린텍

저작권자 ⓒ 제임스 갤빈, 2021